選んだ道が一番いい道

いつも小さなすてきは見つかる

大宅邦子
Oya Kuniko

サンマーク出版

はじめに

私の朝ごはんは、いつも同じものです。

服装も、さして変わらないものを、毎日手入れして着ています。

「いつもどおり、普段どおり」

心地よく日々を重ねるなら、これが一番といつしか思うようになりました。

二〇歳から定年を迎える六五歳まで、ＡＮＡのキャビンアテンダントとして空を飛んできた四五年間。

いろいろなことはありましたが、私自身はいつでも「いつもどおり、普段どおり」。そんな気持ちでいたから、その長い年月は、すこやかで学び多く、何より楽しいものとなった――今、振り返ると、そんな気がしています。

続けることは、尊いこと

「いつもどおり、普段どおり」

これは日々を心地よくするばかりか、人生をより楽しむ秘訣《ひけつ》かもしれない。

私はいつしか、そんなふうに思うようになりました。あたりまえの毎日を、大切に積み重ねていくことこそ、人生を味わい尽くす秘訣ではないかと。

こう言うと、「えっ?」と思う方がいるかもしれません。

「人生をよりよくしようと思うなら、いつもどおりじゃ、ダメじゃない?」と感じる方もいるでしょう。たしかに、より幸せになるために、「自分を変えよう」「これまでのやり方を変えよう」「大きく方向転換しよう」という提案はたくさんあります。

もちろん、大きな変化はときに必要ですし、それでよくなることもあります。

長い間、まっすぐな道を歩いてきたけれど、思いきって右に曲がり、まるっきり別の道を歩いてみたら、案外そっちがよかったということもあります。

「えいやっ！」と思いきってジャンプし、人生に劇的な変化が訪れる……それが合っている、という方もいるでしょう。

それでも私は、こんなふうに思います。

大きな変化や大きな方向転換だけが、幸せになる方法ではない、と。

一つのことを、こつこつ続ける。

あたりまえのことを、いつくしんで行う。

そうやって、普段どおり、いつもどおりを続けていくうちに、人生がよりよいものに変わることもある、と。

靴をはき替える変化もいい、同じ靴をはき続ける変化もいい

長年、黒い靴をはいてきた人が、ある日、黒い靴を捨てて赤い靴をはいたら、それは大きな変化ですし、気分もがらりと変わるでしょう。

だからといって、同じ黒い靴をはき続けたら「変化なし」かと言えば、それは違います。

毎日磨き、シューキーパーを入れ、ヒールがすり減ったら修理に出し、自分の足の形にしっくりと慣らしていく。そうやって長年の相棒となった黒い靴は、お店で買ったときとは、明らかに変わっているはずです。

手入れしながらはき続けることで、「新品の黒い靴」が、「世界で一足だけの、本当に自分にぴったり合う靴」に変化するということです。

こう考えると、変化には二種類あるのかもしれません。

「大きく変えることによる変化」と「続けることによる変化」です。


人生にも、これは当てはまるように感じます。

違う道を選んだり、舵《かじ》を大きく切ることだけが、変化ではありません。

継続すること。何かを「やり続ける」こと。

これも人生を変化させ、自分らしくし、「もっといい毎日」にする、もう一つの方法かもしれません。


「今までどおりでも、よりよく変化できる」ということは、希望でもあります。

私を例にとれば、ずっとキャビンアテンダント（CA）という同じ仕事を続けてきました。そこでもし「違う仕事に変えなければ、幸せになれませんよ！　人生をもっとよくするには、大変身しないと！」となったとしたら、悲しく、行き場のない気持ちになったかもしれません。

でも幸い、私はそんなことにはなりませんでした。それは、「普段どおり、いつもどおりを続けながら、よりよくしていこう」という気持ちがあったから。長い年月は、たとえそれが同じように見える大きな変化の訪れないものであっても、今までどおり平凡であっても、よりよくしていくことはできる。気持ちひとつで、毎日はいつも新鮮で、飽きない楽しい日々に変わるのです。

あなたが選んだ道が、あなたにとって一番いい道

人はいつでも方向転換できるとはいえ、三〇年間ＣＡをやってきた人が、テニ

スのプロ選手にはなれません。

五〇代、六〇代まで主婦として家庭を守ってきたのに、「これから劇的に変わりなさい！　さあ、働き始めなさい」と言われたところで、戸惑ってしまう方がほとんどだと思います。

「これからがらりと変わるには、ずいぶん長く、人生の道を歩いてきてしまった」と、思う方もいることでしょう。

そんなとき、がっかりしたり「私はダメだ」「もう年だ」と自分を責めても、意味がありませんし、そうする必要はありません。

別の道に気をとられない。

選ばなかった道は、自分の道ではないのだから、忘れていいのです。そのかわり、これまで歩いてきた道をいとおしみ、今歩いているこの道に心を据える。

そんなふうに生きていくのは楽しい気がします。

曇った窓なら磨きなさい

自分が歩いてきた道を、「この道が自分の道。一番いい道だ」と信じることができたら、不思議と、本当にそうなっていきます。

一番いい道を選んでいると思えば、毎日を新鮮な目で見直すようになります。見直すと、これまで気づかなかったすてきなことに気づくようになる。すると、自分の毎日も悪くない、と小さな自信のかけらが生まれます。

もし、「そんなの無理」と決めつける人がいたら、それはちゃんと見ていないだけかもしれません。ういういしい目で見渡せば、その道には季節の花も咲いているし、美しい建物もある。

いつも同じに見える飛行機の窓越しの空も、陽の光、雲の色、闇の深さ、朝焼けのばら色、数かぎりない変化があります。

それと同じく、楽しめることは、いつもどおりの日々の中にも、たくさん見つかるものです。もし曇っていたなら心の窓を磨き、自分の目を大きく開くだけで、見える景色は変わります。

この本では私の経験を一つの例として、あなたが選んだその道を、一番いい道にするヒントをまとめていきます。


日常に慣れすぎず、「いつもどおり」を続けるために、小さな工夫をする。

老け込むことなく「普段どおり」を続けるために、心に冒険の翼を広げる。

嵐が来ても安全に影響のない飛行機のように、日々を整え、メンテナンスする。

そんなことを、書いていくつもりです。

ささやかな本ではございますが、どうぞごゆっくりとおくつろぎになりながら、おつきあいください。

著者

選んだ道が一番いい道／目次

はじめに

第1章 慣れすぎない自分でいる

第2章 変化をくれる「風」に吹かれる

第3章　半径一メートルから日常を整える

第4章
心の翼を広げなさい

おわりに —— 201

ブックデザイン　萩原弦一郎（256）
構成　青木由美子
撮影　吉川忠行
DTP　二階堂千秋（くまくま団）
編集協力　乙部美帆
編集　橋口英恵（サンマーク出版）

第1章

慣れすぎない自分でいる

ラストフライトは「普段どおり」

二〇一八年一一月一九日ロンドン発、翌二〇日羽田着、NH212便。

これが私のCA（キャビンアテンダント）生活のラストフライトでした。

どんなラストにしたいかと考えれば、自分の胸に尋ねるまでもなく、私の答えは決まっていました。

「普段どおりがいい」と。

「みなさん、今日も普段どおりでお願いします。お客様にはこれが私の最後の乗務だということはお伝えしないでください。特別なアナウンスも必要ありません」

私はクルーのみんなにこう伝えていました。

ANA客室乗務員で初めてとなる、六五歳定年退職までの乗務。

空を飛んだ時間は三万時間を超えます。

同僚や後輩たちが、このフライトを特別なものだと思ってくれていること、あたたかく送り出してあげようというねぎらいの気持ちを抱いてくれていることは、本当にうれしいことでした。

定年退職を迎える機長が、「これが自分のラストフライトです」とアナウンスして長年の感謝を伝え、乗務員ばかりかお客様も胸がいっぱいになるというケースもありますし、それはそれですてきなことです。

私はファーストクラス担当であり、担当するお客様の人数が少ないぶん、お話しする機会も多くあります。もしも今日が最後の乗務だとアナウンスなどで知れば、何か言葉をかけてくださるお客様がいらっしゃるかもしれません。

でも、CAの仕事は安全を守ること。お客様に快適に過ごしていただくこと。優先すべきはこの二つで、私の個人的なことは本来関係ありません。

この飛行機ボーイング777は二一二席。それだけの命を乗せて空を飛ぶのですから、万が一は決してあってはなりません。安全と快適を「普段どおり」に確保するためには、細心の注意が不可欠です。

たとえ何千回とくり返したことであっても、決して慣れてはいけない。ていねいに、慎重に、確認をおこたらない「新鮮な心」が欠かせません。

たとえベテランであっても、その瞬間瞬間に、初めての乗務のような緊張感を忘れずにいなければ、いつも変わらない安全とサービスでお客様をお迎えすることはできません。

ロンドン・ヒースロー空港ですべてのお客様にご搭乗いただき、飛行機のドアが閉まりました。どんなに小さくても「いつもと違うこと」は事故の原因となりかねません。CAの重要な業務の一つである、トラブルなくドアがロックされているかどうかの安全確認をします。

もちろん、お客様へのご挨拶、ファーストクラスに飾る蘭の花、お出迎えのドリンクの準備など、いつもどおりにやるべきことはいくつもあります。感傷にひたっている暇はありません。

こうして私のラストフライトが始まりました。

どんなにその道が長かろうと
要所要所で新鮮な心が顔を出す。
それが本物のベテランかもしれません。

続けるために、ところどころにアクセントを置く

「大切なことはそう変わらない」

私はそんなふうに思っています。私が長年勤めてきたＣＡの仕事において大切なのは、お客様を安全快適に目的地にお連れすることでしたが、仕事の話だけではありません。

変わらない大切なこと――たとえば、家族、友人、仲間を「かけがえがない」と思う気持ちは、若い人も、年齢を重ねた人も、変わらないのではないでしょうか。

いっぽうで、「変わらない」というのは、案外、難しいことです。

空を変わらずに青く、海を変わらずに青く守るには、環境を守る努力がいりま

すし、いつも変わらず、きれいに整えられた部屋は、「きれいにし続ける」という誰かの努力によって、保たれます。放っておいて、ひとりでにきれいになる部屋はありません。

大切な相手との関係も、それをあたりまえのものだと思い、何の心くばりもせずに放っておいたら、だんだん距離が生まれます。

こんなことを言うと、何やら禅問答かなぞなぞのようですが、現状維持で何ひとつ変えなければ、変わらずに大切なものすら、変わってしまうということでしょう。

だから私は、こう考えています。大切なことは変わらない。でも、大切なことを変えないためには、小さな努力もいる、と。

努力といっても、「大変なこと」ではありません。むしろ、喜びであり楽しみながら行えること。

大切なものを守るために、毎日毎日、変わらずに愛情をこめ、手をかける。いつもどおりの中に、小さな工夫をし、変化を起こし、ごく平凡な普通の日々に、気持ちよいリズムをつくり出す。

これは、日々にアクセントを置くことであり、人生を楽しむことそのものといえそうな気がするのです。

私のANAでの経験も、それに重なります。

一九七四年に入社し、国際線の立ち上げに携わり、六五歳で定年退職を迎えるまでの四五年間は、変わらずに大切なものを大切にし続けるための、毎日の積み重ねだったように感じます。

自分が大切だと思うことを、大切にし続ける。年齢を重ねても「いつもどおり」心も体もすこやかでいる。好きなことを長く続ける。

自分に小さな新鮮さをくれる「楽しい工夫」を、私はこれからも続けていきたいと思うのです。

普段どおり、を続けるには
普段どおりではいけません。
小さなアクセントをときどき置いて、
気持ちよいリズム感で、
小さな工夫を楽しみましょう。

毎日という点こそ、ていねいに。線は点でできている

「三万七五〇時間二九分」

これは私がCAとして空を飛んだ時間です。

ロンドン発羽田行きのラストフライトを終えた一週間後、私は羽田にあるオフィスに出社しました。「滞空証明書」の授与式のためで、これは退職するCAがいただく卒業証書のようなもの。

二〇一八年一一月二七日は、言ってみれば私の「卒業式」でした。

私がCAとしてANAに入社したのは一九七四年。

当時の「スチュワーデス」には、結婚したら退職するという制度がありました。

私の同期は大阪と東京で四〇名。一八歳から二二歳の女性たちの中から、一番早

い寿退社が出たのは入社一年後です。その頃の女性の定年は三〇歳(!)で、定年まで勤め上げた先輩は、一人しかいませんでした。

そんな中、入社試験の際の「何年くらい働けますか?」という質問に、「二、三年は」と答えた私の心に、嘘《うそ》はありませんでした。いわゆる腰掛けのような気持ちが、私自身にも、会社の側にも、あったのだと思います。

ところが定年は時代とともに延び、私は六五歳まで働き続けたわけですが、最初から「絶対にこうしよう」と思った結果ではありません。

だんだん仕事を任されるようになるにつれ、「できれば長く働きたい」と考えるようになりましたが、「絶対に長く続ける!」と意気込んで目標を立てたわけではありませんでした。

ただ、毎日毎日、やるべきことを、ていねいに行うこと。

一日、ひと月、一年という時間をないがしろにしないこと。

そんな思いを続けて仕事に向き合ってきた結果、振り返ったら、四五年——厳密に言えば四四年一〇か月——という年月が流れていた。そう感じています。

仕事でも、趣味でも、習いごとでも、最初から「続ける」と決めて続けようとしたら、途中でくたびれて、息切れしてしまいます。

今日という点を無数に重ね続けると、いつのまにかそれがつながって、まっすぐな一本の線ができていた……。そんなやり方のほうが、結果的に何事も続くのではないか、というのが私の意見です。

まっすぐな線を描く「飛行機雲」は、飛行機のエンジンから出る水蒸気が氷の粒になったもの。どんなに長い線も、小さな点の集まりです。

私はたまたま、同じ会社に勤め続けましたが、人によっては転職したり、家庭に入ったり、病気になってちょっとお休みしたりということもあるでしょう。もしかしたら、人によっては描く線が、くるりとカーブしているかもしれません。

それでも、自分らしい小さな「点」を、無理せずに、でも大切に重ねていくと、振り返ったとき、みんなそれぞれの自分らしい線ができているのではないか。

私はそれを、すてきなことだと思うのです。

ちゃんとしよう、と力まない。
がんばろう、と無理しない。
自然な姿勢で続けられたら、
それがあなたの選んだ一番いい道。

昨日と同じ一〇のうち「一つ」だけ新しく

何かを始めるときに、まっさきに学ぶ基礎。続けるための土台の部分です。

私に最初の仕事の基礎を教えてくださったのは、新人CAとして働き始めたとき最初についた、四歳年上の先輩女性班長（リーダー）でした。

至らないことばかりであったはずの私へのお決まりのフレーズは、「それってどうなのかしら？」。頭ごなしにしかりつけることなく、私が自分の頭で考えるよう、上手に促してくれた先輩CAでした。

その後まもなく私は国際線就航のプロジェクトチーム立ち上げに参加することになります。その方は六〇歳で退職するまで国内線だったので、ご一緒する機会はなくなりましたが、その控えめでやさしいお人柄はずっと変わりませんでした。

基本となる「型」を徹底的に覚えたあとで、あれこれ工夫をつけ加え、気がついたことを改良し、自分らしい「型」をつくっていけたのは、この先輩のおかげでもあると感じます。

当然ですが、基本の「型」は大切なもので、おろそかにしてはなりません。

でも、いつまでも基本どおり、型どおりでは、長く続けていけません。なぜなら、自分は変わらなくても、物事はすべて変わっていくものだからです。

たとえば一九七〇～八〇年代のANAでは、仕事が遅くなり、退社時刻が午後八時半以降になったら、帰りはタクシーを使うように言われていました。

会社には「嫁入り前の大切なお嬢さんを親御さんからお預かりしているのだから、帰路で何かあったら一大事！」という意識が、まだあったのでしょう。職場の花というと、ちやほやされているように響きますが、おそらく仕事の戦力としては、あまりあてにされていなかったのだと思います。

その後、一九八六年に男女雇用機会均等法が施行され、働き方は少しずつ変わっていきました。同じ頃に国際線が始まり、CAがサービスと安全確保の両面で現場を支える役割となると、「まだ電車があるのに、遅くなったからタクシー？　お姫様じゃあるまいし」というのが普通の感覚になっていきました。

今はもう、ANA客室部門の管理職の九五パーセントは女性ですし、三〇歳が定年だった時代から見れば、働き方は完全に変わりました。

時代が変わっていくなか、自分だけが今までやってきたやり方にしがみついたり、「基本はこれだから」と意固地になっていたら、物事は続けていけません。

仕事に限らず、何かを長く続けていくには、マニュアルをベースにしつつも、そこに小さな変化を加えていくことが大切な気がします。

昨日と同じに見える一〇のうち一つだけ、更新し、新しくする。これが、物事を続けていくということだと思います。

新しくするといっても、大きなことでなくてもいい。身近な例だと、私はラジオを聴くのが好きですが、小型ラジオを持ち歩いていたのは遠い昔。今はスマホのアプリ「radiko」で、いつでもどこでも放送を楽しんでいます。

新しいやり方を取り入れ、実際に使ってみて、「なんて便利なの！」と思えば、毎日が新鮮になります。一〇のうちの一つだけ、そんな小さな変化で、何より自分が楽しくなります。

一日一つだけ、
新しいことを試しましょう。
「今日は何を試そう？」と
ワクワクと考えましょう。

転機とは不意にやってくるもの

空を飛び始めて数年たった頃、じつは私は「会社を辞めようか」と考え始めていました。

ひととおり覚えた仕事は日に日に面白くなっていましたが、なにしろ定年は三〇歳。忙しくて毎日が飛ぶように過ぎていくのですから、あっというまに「その日」は来てしまいそうです。

私の両親は共働きで、母はずいぶん長く看護師の仕事を続けていました。姉も一生続けられる教師の職に就いていたこともあり、「違う会社に移ろうかな。一生できる仕事を探したいな」と私が思い始めたのは、自然なことでもありました。

「大宅さん、アメリカに行ってみない？」

会社から声がかかったのは二九歳のときで、まさにあれこれ思い巡らしているタイミングでした。

シアトルのボーイング社で機材知識の訓練を受け、デンバーのユナイテッド航空の訓練所でドア操作の実習、ロサンゼルスまで旅客として体験乗務するという一週間の研修プログラムで、就航を前にしたボーイング767の知識を得るためのものでした。

研修メンバーとして選ばれた……。そのとき初めて、「もしかしたら、私の仕事を認めてくれたのかもしれない」と思ったのを覚えています。とてもうれしく、会社を辞めようと頭をよぎったことなどどこへやら。毎日の業務にそれまで以上に熱がこもることになった、私の転機でした。

デンバーの研修は、ANAが国際線に打って出る準備を本格化させたという、会社としての「変化」でもありました。

ご存じの方もいらっしゃるかもしれませんが、かつて航空業界には「45／47体制」あるいは「航空憲法」と呼ばれる事業割り当てが存在していました。一九七〇年代の日本の航空業界には、私たちＡＮＡ、東亜国内航空、ＪＡＬの三社があり、「国際定期路線は日本航空に限る」とされていたのです。

航空憲法は、「国際線を一社に集中させることで国内の過当競争を避けて、日本の航空産業を保護・育成するためのもの」とされていましたが、国際化時代の到来とともに、見直される時期に来ていました。

また、法律的にチャーター便であれば就航可能だったために、一九七一年にはすでにＡＮＡの国際チャーター便第一号が香港に飛んでいました。

その後も続いたチャーター便はほとんどが大型ツアーで、香港、マニラ、ときどきホノルル。エコノミーだけの「モノクラス」ですから、簡単なお飲み物とトレーに載せたお食事のみのサービスです。商店街の団体旅行、旅行会社のハワイツアー、会社の視察旅行など、私はいちＣＡとして月一回ほど乗務していました。

時代の変化とともに、いよいよ国際線就航への幕開けでした。

存在を認められると
人は、想像以上の力を
発揮できるのかもしれません。
「あなたは役立ってますよ」
こう言われてうれしくない人は
いないのではないでしょうか。

何気ない毎日の切り盛りの中に「型」はある

「日本は小さな国で、国内だけでは限界がある。世界に飛びたい」

そんな会社の考えは私としても納得のいくものでしたし、そもそも私がCAになったきっかけも、大学時代の海外旅行にありました。

わが家は教育関係者が多く、私も大学では教職課程を取っていました。子どもの頃からテレビで「兼高かおる　世界の旅」を見て、見知らぬ国に旅する姿に憧れたものの、それはそれとして教師を目指していたということです。

ところが大学二年生でヨーロッパ旅行をした際に「一つのところにじっとしていたくない！」という思いがつのった私は、帰国後、採用試験に合格すると、大学を退学し、ANAに入社しました。

そんな私にとって、世界のさまざまな国に飛べるというのは、心躍ることです。その思いが通じたのか、一九八五年、私は本格的に国際線をスタートするときのプロジェクトメンバーに選ばれました。

一九八六年三月に、ANA初の国際定期便となるグアム線が運航開始。これもエコノミーだけでしたが、長距離定期便が就航するとなれば、ファースト、ビジネスの三クラス制となり、これまでと違う接客スキルが必要となります。

そこで、私を含む一一名のCAはプロジェクトメンバーとして、香港のキャセイパシフィックに派遣されることになりました。

国際線は時間が長いぶん、サービスの技量が必要です。スムーズなお食事の提供はもちろん、ご要望があればカクテルをさっと作るというのも、国内線のサービスではなかったことですし、税関、入国、検疫等にまつわるたくさんの書類処理もCAの業務。決して間違いがあってはいけないものばかりですが、パソコンは使っていない時代ですから、全部が手作業。覚えるべきことは膨大にありました。

香港に派遣されたCA一一名は、個性がそれぞれ違い、私が一番年下でした。

なかでも印象的な二人の先輩がいました。一人はお母さんタイプで包み込むやさしさがある人。声がなんともすてきで、一緒にいると心がくつろぐようでした。もう一人は、目立たないけれど上質な服をさらっと着ているおしゃれさんで、おおらかに見守ってくれる人。いい意味で「良い加減」な二人でした。

「そんなに真面目にやらなくていいわよ」

私はしゃきしゃき働くように見えたのか、そんなふうに声をかけてくださいましたが、だからといって、自分のやり方を押しつけるわけではありません。

私の生真面目なやり方をちゃんと尊重しつつ、「でも、楽しみながらね」と教えてくださったのだと思います。

香港での研修はわずか一か月足らず。私たち代表一一名が持ち帰った国際線サービスの手法をどのような形で取り入れるか、工夫はないかと考えながら、サービス内容を検討・決定していきます。そうやって、ANA独自の型をつくっていく——私自身の自分なりの型も、少しずつできつつあった時期でした。

一九八六年七月一六日に東京—ロサンゼルス、二六日に東京—ワシントンの定期運航便が開始。いよいよ、世界の空です！　定年は三〇歳から三七歳、四五歳と延び、その頃は六〇歳に変わっていました。

指導が上手な人は
相手の「型」と「やり方」を尊重する名人。
そんな人になりたいものです。

「毎日のくり返し」を自信に変える

最近のＡＮＡは、外国のお客様も多くなりました。訪日ばかりか、成田や羽田をハブ空港として、欧米とアジアを行き来する方も少なくありません。もちろん日本のお客様も、旅行や出張で多く利用してくださっています。

ところが国際定期便が始まった頃は知名度もなく、定員二九八名のジャンボ機を飛ばしているのに、乗客はわずか六八名ということもありました。

「毎日飛んでいないと、仕事では使えないですよ」

あるとき、海外出張の多いお客様が忠告してくださいました。当時は週に五便だったため、「仕事が長引いたから、帰国便を明日に変更したい」とか「急用ができた。早めに切り上げて帰りたい」というとき、振替便が用意できないのでは困るというわけです。

また、毎日飛ばずとも、ロサンゼルスやワシントンなど、定期運航先の従業員の人件費は毎日発生します。国際線事業は長らく赤字だったと思います。

幸い国内線は順調だったので、国際線組の私としては、「日本で稼いでいただいて国際線を飛んでいる」という感覚がありました。

〝お隣さん〟のＪＡＬにはＡＮＡのスタート地点ですでに三〇年の国際定期便の歴史があります。認知度も圧倒的に高く、私たちは「二番目」。それもかなり差がある二番目でした。

「だからこそ、がんばらなければいけない。国内線が順調でも、人口が減っていく日本だけに頼らず、世界で知名度を上げていかなければならない」というのは、国際線がスタートした頃からの大きな課題でした。

航空会社や空港を評価する英国スカイトラックス社による「エアライン・スター・ランキング」で、ＡＮＡが日本で初めてファイブスターを獲得したのは二〇一三年。これもスタート時からあった「世界に通用する会社になろう」という気持ちとつながっているると思います。

私は「管理職になりたい、経営に興味がある」というタイプではありません。一時期、訓練所の教官も経験しましたが、最後までCAとして働きました。現場が好きで、ずっと飛んでいたいという思いが強かったためですが、それでも、ずっと飛ぶには会社の経営がうまくいくことが不可欠。それにはお客様にANAに乗っていただかなくてはなりません。

「私はこの方からお給料をいただいているんだ。大事にしなくちゃ」

お客様にサービスしながら、その意識はいつも頭の片隅にありました。始まったばかりの国際線は、手探りのことばかりでした。すべてが初めてのことなので、労働条件も何もなく、決めないことには仕事が続けられない。会社との戦いというよりは、ゼロから自分たちで仕組みをつくり上げていくという手応えがありました。そうやって毎日をくり返すことが、飛び続ける自信をつけることだったのかもしれません。

今、目の前にある「あたりまえ」は、
誰かが汗をかきながら
つくり上げてくれたもの。
いつか誰かのための
「新しいあたりまえ」を
あなたがつくることもできます。

手づくりで素朴なあなただけの「型」をつくる

「大宅さんとの初対面は成田で、組合役員の選挙立ち合いでしたよ」

私のラストフライトで一緒だったチーフパーサーは、こんな思い出話をしてくれました。あれはもう三〇年以上前のこと。組合員に始業前に投票してもらうため、私たち選挙係は成田の事務所に早朝に出社していました。

「初対面なのに、大宅さんは『まずは温かいコーヒーを飲みましょう』と言ってくださったの。それもおうちで淹《い》れてきたコーヒーですよ。びっくりして、それからやさしいなあって思いました。覚えてますか？」

そう言われてみれば、ペットボトルよりも自分で用意した飲み物のほうがおいしく思えて、私は水筒を持参することがしばしばでした。八〇年代の終わりの成田周辺では、今のようにコンビニやスターバックスですぐにコーヒーが買えなかったというのもあります。

このときのコーヒーに限らず、何かの仕事で「ちょうど食事時にかかるな」と思えば、私は自分の分を用意するついでに、ちょっと多めにおにぎりを作っていきます。「よかったらどうぞ」と差し出すのは、玄米に発芽米や雑穀を混ぜた黒っぽいおにぎり。いろいろ探して見つけたおいしい梅干しを入れた、でも気軽で飾り気のないものです。

成田は社員食堂がありますが、ターミナルまで行くにはちょっと時間が足りない、席を外せないということもあります。そんなとき、とりあえず、おにぎりをおなかに入れておく。自分で握ったおにぎりなら健康的ですし、手軽です。

忙しいときも、いいえ忙しいときこそ、自分で用意した飲み物や食べ物は、ほっとできる気がするのです。

何も決まっていない、飛び始めたばかりの国際線。

みんなでゼロから立ち上げていくことは、なんだか自分で淹れたコーヒーや、気取らない黒っぽいおにぎりのように、手づくりに似たものがあります。それも自分たちらしい「型づくり」だったのかもしれません。
あの頃、一緒に苦労した仲間はすでに退職した人も多いのですが、今でもいいおつきあいが続いています。

ほっとできる手づくりの「型」は、
自分を支え、励ましてくれる
「母艦」のようなもの。
素朴ながらも、自分を強く、
少しやさしくしてくれます。

地に足つけて日々を過ごす
上の空にならず、

どんな道でも、ベテランと呼ばれるようになっても練習や鍛錬、訓練は不可欠です。ＣＡという仕事においては、安全を守ることは最優先の大切な仕事ですから、毎年行われる「エマージェンシー訓練」は身が引き締まるものでした。

これは二日間で行われ、最初のカリキュラムは一五分間のペーパーテストです。問題は緊急時や急病人、機材不具合発生時の対応手順など、安全業務にかかわるもので、マニュアルを読んでいればまず落ちることはありません。

難しくて毎回、緊張するのは、実地訓練のカリキュラム。安全な離着陸にも、緊急事態が発生した際にも、ＣＡの役割であるドア操作はとても重要です。

コックピットクルーと合同で、事故発生時のシミュレーションもします。

「鳥がエンジンに入り込んでトラブル発生、五分後に緊急着陸決定」

　こんな想定のもとにみんなで時計を合わせ、「機内のお客様の安全を確保、着席して頭を抱えて体を伏せる、着陸！」となったあと、機長から合図が来ます。発生から着陸までの準備、ドア操作、脱出の誘導までを訓練するのです。

　まずは外の安全確認。開けるドアの外に火災がないか、障害物がないかを声に出しながら、指差し確認します。

　外の安全確認をしたら、ドアモードの確認。ごく単純ですが大切なのがこの順番です。ドアモードを確認してから外を見て「あっ、ダメだ、降りられない」となったらドアが開けられないのですから、ドアモードを確認した時間は無駄になってしまいます。一分一秒を争うとき、この単純ミスは致命的です。

　ようやくドアを開けられるようになったら、脱出シューターの確認。機体にきちんとついている状態にしなければならず、さもなければ「緊急時にドアを開けても何もない！」となってしまいます。シューターが膨らんだ状態を確認したらお客様の脱出となり、滑って脱出した人数の確認も忘れてはなりません。

「五分しかなかったら」「一〇分以内では」と想定時間を変え、機内準備と脱出を完了させる訓練を、トータルで五回ほど行います。機種によってドアの開放手順も異なるので、それぞれについても確認する……。エマージェンシー訓練は、とにかく確認、確認、確認です。油断大敵で、私も毎回、緊張していました。

「動きの一つひとつを、記憶に残しましょう」

安全業務について、私はよくそう言っていました。

たとえばドアモードを確認するとき、「こういうアナウンスが入ったから、私はドアのレバーを移動しました」と、あとから自分の行動を説明できるように、常に意識するということです。無意識に作業をするとミスの原因になります。

私は最後まで、「ロックOK、ロックOK」と声に出し、指差し確認していました。それが上の空にならず、記憶に残る仕事にするベストな方法だからです。

日常でも、「あれ、家のドアの鍵を閉めたかしら?」と不安になるときは、上の空で行動しているときでしょう。私は車の運転が好きで長く乗っていますが、「なんとなくが一番怖い」と、緊張感をもって、上の空で運転している、という状態にならないように意識しています。
今、自分は何をしているのか。いつでも自分を客観的に説明できるよう指差し確認。これはあらゆる事故やトラブルを防ぐ一つの方法だと感じています。

一番怖いのは、
なんとなく、できていたということ。
なぜ、できたのか。
なぜ、できていないのか。
そこに「意識」はありますか？

生きるのに、「慣れ」はいらない

エマージェンシー訓練のテストで不合格になる人の中には新人もいましたが、多くは入社して数年たった人たちでした。「仕事を覚えて慣れてきた」、その油断が原因なのでしょう。新人ならチェック表を持ち、何度も確認する決まりです。ところが少し慣れてくると、おざなりになってしまう人もいます。

たかが確認、されど確認です。ＣＡが出発の際、通常のドア操作を間違えて脱出シューターを出してしまい、その飛行機は欠航になった……何年かに一度あるかないかですが、そんな事故も起こります。

ドアまわり以外にも、細かなチェックはたくさんあります。

「お客様はシートベルトを締めているか、座席は倒れていないか」

「ギャレー（機内にある厨房《ちゅうぼう》）に収納したカートはロックがかかっているか」

あるとき私のチームにも、漏れが多いＣＡがいました。様子を見ていると、指差し確認と声出しはしているのですが、全然違う方向を指差し、別のものを見ながら「ＯＫ」「これもＯＫ」とやっているのです。

原因がわかればば直せばいいだけですから、「目と指が一致していないと、きっとまた漏れが出ますよ」とアドバイスしました。そしてひと言、こうつけ加えたのです。「慣れはいらないですよ」と。

慣れてしまうと、大切な仕事もルーティンになってしまいます。普段どおりのことをいつもどおりにやることは大切ですが、そこに意識を向けることなく、ただ上の空でルーティンをこなしているだけだと、それは惰性になります。

惰性になると、物事はつまらなくなり、ミスが出ます。ミスが出た仕事は、さらに楽しくなくなるでしょう。仕事に限らず、楽しくないことは続かないというわけです。

こう考えてみると、続けることとは、じつは、「惰性」や「慣れ」や「ルーティン」からは、離れた場所にあるような気がします。

こんなことを書いている私自身も、「慣れ」で失敗したことがあります。

成田発広州行きの四時間ほどのフライトで、ビジネスクラスの担当でした。

離陸して最初のお飲み物のサービスの際、陽気な表情の大柄なアメリカ人のお客様が、シャンパンをオーダーなさいました。

機内は気圧の関係で炭酸が吹き出しやすいのですが、私は「シャンパンを開けるのに慣れている」と自負していたのです。目の前でポン！　と開けてサービスしたほうが、おいしそうで喜ばれるとも思っていました。

ところがお客様の目の前で開けたとたん、シュ―ッと泡が吹き出し、なんとそのお客様に降り注ぐ、というとんでもないことになってしまいました。

慌ててお詫《わ》びし、ジャケットはお預かりしてきれいに拭き取って乾かし、またお詫びし……。お恥ずかしくも本当に申し訳ない事態でした。

幸い、そのお客様は「トラブルがあったおかげで親切にしていただいて、快適なフライトでした」と言ってくださいましたが、それ以来、ギャレーで抜栓してからシャンパンをお持ちするというルールを徹底したことは言うまでもありません。やはり「慣れ」は恐ろしいものだということでしょう。

大切なことを
惰性の「ルーティン」にするのは
「慣れ」という魔物。
毎日に慣れすぎない自分で
いたいものです。

選ばなかった道は忘れなさい

仕事でミスをしたり、うまくいかないことがあったりすると、心が波立ってしまうCAもたくさんいます。メンタルの問題で休職する人は、CAに限らず、どんな職業でもどんな職場でも珍しくないと思います。

私は運よくそうした経験はありません。どういうわけか落ち着いて見えるらしく、初乗務のときのインストラクターに、「あなた、前にもCAをやっていましたか？」と聞かれて驚いたのも懐かしい記憶ですが、それでも順風満帆だったわけではありません。

国内線に乗務していた二〇代の頃、沖縄行きのジャンボ機の離陸直後にお客様が引きつけを起こしたことがあります。心臓発作で、隣の席のお客様が知らせてくださったときにはすでに意識がなく、乗り合わせていたお医者様も、「手の打ちようがない」という表情でした。

あきらめずに先輩が心臓マッサージをし、私がマウス・トゥー・マウスの人工呼吸を試みました。今のような応急処置の道具を搭載していない時代のこと。恰幅《かっぷく》のいい男性のお客様が「僕がやりましょう」とおっしゃってくださったのですが、水泳をしていた私は当時、男性よりも肺活量がありました。

残念なことにそのお客様はお亡くなりになってしまいましたが、パニックにならず、自分がやるべきことを落ち着いてできたのは、「もしも」を考えなかったからだと思います。

「もしもお客様が発作を起こさなければ」

「もしもお医者様がちゃんと処置をしてくだされば」

そうやって「もしも」を考え出したら、そのときに求められている自分の役目が果たせなくなります。今の状況を恨み、「なんで私がこんな大変な便に乗り合わせてしまったんだろう」と被害者じみた感情すら抱くかもしれません。

それでも、現実は変わりません。お医者様は手の打ちようがないと判断し、お客様は目の前で倒れているのですから、「もしも」は考えてもしかたがないことです。それなら今の状況で、やれることを精一杯やるしかありません。

仕事でも暮らしの中でも、同じことだと思います。

「もしもこの道を選ばなかったら」と考えたとしても、道は選び直せません。

「CAでなく教師になっていたら？」

「独身ではなく家庭をもっていたら？」

そう考えても、すでに自分が選んだ道を歩いているのですから、意味がないのです。

何が正解かはないでしょう。教師も楽しかったかもしれないし、主婦も楽しかったかもしれない。でも、選ばなかった道は自分の道ではないのです。

選ばなかったほうの道のことばかり考えては、人は生きていけません。後ろ向きのまま、前へ上手に歩ける人などいないからです。

選ばなかった道は忘れる。

それは後悔なく迷わずに生きていく秘訣かもしれません。

選ばなかった道は忘れなさい。
後ろを向いたままで、
上手に歩ける人など
いないのです。

いつもの道の脇に咲いた小さな花を見逃さない

選ばなかった道を忘れたら、選んだ道を楽しむ。私はそう決めています。

たとえばドライブしていて、高速か下道かの選択で一般道を選んだとしたら、「高速に乗ったほうが早かったかな」などと考えません。

高速はすっぱり忘れて、「下道を走っているから街路樹がきれいな道を通れたし、ラジオもじっくり聴ける。今の状況でよし!」と満足してしまいます。

仕事も似たようなもので、私はそうやって働き続けてきた気がします。

定年は日本独特の制度というのは、ご存じの方も多いでしょう。

数年前、シカゴの空港に立ち寄ったときのこと。乗務員用のセキュリティチェックの列に、キャリーバッグを引きながら片手に杖《つえ》を持っているCAがいました。かなりお年を召していましたが、立派に現役。何歳になっても勤務できるのがアメリカなのです。フランスの航空会社で働いている友人も、「健康なら、年齢を理由に自分から辞める人はいない」と言っていました。

ある外国の航空会社では、いち早く出社してきた七〇代のチーフパーサーが、「おはよう、みなさん」と優雅にお茶を飲みながら挨拶し、フライトを忘れてそのまま帰ってしまった……こんな笑い話も聞いたことがあります。

国によって制度はさまざまですが、日本も今後、定年制度は変わっていくかもしれません。

三〇歳が定年と言われて入社した私も六〇歳を迎え、今後は雇用延長のかたちになるというとき、最初は退職してのんびりしようと考えました。ですが、まわりも引き止めてくださったし、何より九〇歳を超えた母が、こう言ったのです。

「元気なんでしょう?」

これが最後の決め手になり、私は六五歳まで飛び続けることに決めました。

再雇用後は一年ごとの契約制で、チーフパーサーといった全体を見る役目はなくなりましたし、月の勤務日数も選べます。多くなった休みを利用し、母を連れて温泉やハワイ、パナマ運河のクルージング旅行を楽しむこともできました。

会社が変わっていくにつれて、女性の働き方も変わっていくなか、夢中で仕事をしてきた六〇歳までも、その後の六五歳までの五年間も、満ち足りた日々だったと思います。私は「一二〇歳まで生きる！」と言っているのですが、退職したこれからの人生も、きっと楽しいものになるでしょう。

もちろん、ちょっとしたトラブルは起こるかもしれませんし、いいことばかりが続く保証もありません。

でも、自分が選んだ道が自分の道だと決めて、そこでちょっとした発見をする。それを楽しさに変えることができれば、どんな道でも、「この道でよかった自分の道」になると私は思っています。

選んだ道が、一番いい道。
自分の道に咲いている花を見逃さずに
歩く道のりは、きっと楽しい。

第2章

変化をくれる「風」に吹かれる

あまり構えず「スモールトーク」を第一に

四五年のCA生活で、私ははじめの一三年は国内線、その後三二年は国際線を担当してきました。

チーフパーサーを長く務めていて、ファーストクラスを担当することが多かったため、後輩CAから「ファーストクラスのお客様を前に、緊張してしまうことがあります」と相談されることも多くありました。

たしかにファーストクラスご搭乗のお客様は、責任あるお立場だったり、著名だったりします。一流の方もたくさんいらっしゃいますし、その立ち居振る舞いは、見ているだけで清々《すがすが》しい気持ちになり、勉強になることも多くあります。

では、私自身が、どうファーストクラスのお客様へ接していたかといえば、それは他のお客様へのそれと異なることなどなく、じつにシンプルなものでした。

「あまり構えず、スモールトークを誰とでも」

ファーストクラスでもエコノミークラスでも、お客様に変わりはありません。

これこそ、お客様と接する秘訣《ひけつ》と、同僚CAたちには常々答えていました。


仮にファーストクラスのお客様が大企業の経営者だったとしても、飛行機で顔を合わせたCAに、「うちの会社の経営は、今後どうしたらいいんだろう？」と難しい相談をしてくることなどありません。

「今、このひとときを快適に過ごしたい」と思っていることでしょう。

それなら「今日の東京は寒かったですね。ロンドンも春なのにずいぶん冷え込んで、あいにく雨の予報です。どうぞ気をつけてお出かけください」という、ごく普通の会話で十分です。

機内では、冷たいものは冷たく、あたたかいものはあたたかいまま、おいしく召し上がっていただき、お好みに応じてそれに合うお酒もおすすめする。喉が渇いたといったご要望があれば、即座にお応えする。快適な空間で静かに休んでいただくためのお手伝いをする。それにプラスしてスモールトークを用意すれば、ファーストクラスのおもてなしとして、十分だと思うのです。

私がよくお客様に尋ねられたのはレストラン情報でした。ご紹介するのは地元の人が行くお店。高級店に足を運んだこともありますが、着ていくものにも気を使うし、ワインを頼むにも気おくれするしで、落ち着いて味わえませんでした。

それなら気軽で、「そんなに高くないのにおいしい店」がいいと感じます。

「近所の人が日曜日に来るようなイタリアンで、年配のご夫婦も小学生を連れたファミリーも、おいしいものをシェアして食べるようなお店ですよ」

スモールトークの延長で、自分のお気に入りを紹介することもしばしばでした。

スモールトークは、さまざまな場面で役に立つと思います。

さほど親しくないご近所の人。子どもの学校関係で、よく顔を合わせる人。接点が少ない他部署の人。たまたま一緒になった〝近くて遠い距離の相手〟に対して、「何か話をしなきゃいけない」と思うと構えてしまう人もいるようです。

そんなときは、「今、このひとときを快適に」を合言葉に、ぜひスモールトークをお試しください。内容はお天気や食べ物などで大丈夫。身構える必要はありません。たったそれだけですが、お互いなごやかになります。


私は性分として誰とでも仲よくなるほうですが、だいたい始まりはスモールトークです。

成田にある、行きつけの日帰り温泉施設の清掃員さん。二四歳の美容師さん。常宿のレストランスタッフの女性。よくランチを食べに行く、近所の中華料理店のご主人。ポリフェノールたっぷりの、ボルドー色の人参を作っている有機農法の農家さん。

年齢、性別、職業は見事なまでにバラバラですが、他愛もないスモールトークをちょこちょこ交わすうちに、なんとなくいい関係になっています。

いいことを話さなきゃ、と
構えない気安さで
まずは天気や世間話から。
にこやかさを添えたひと言で
誰とでもなごやかに。

「感じのいい接し方」を伝染させていく

その日の成田発シカゴ行きのファーストクラスには、とびきり若いお客様がいました。お父さん、お母さんと一緒のそのお客様は、小学五年生の女の子。もう一三年前ほど前のクリスマスイブのことでした。

クリスマス、お正月は航空会社のハイシーズンであり、エコノミーは満席です。同時に仕事で使ってくださるお客様がお休みに入る時期でもあり、ファースト、ビジネスは空いていています。

ファーストクラスは八席ありましたが、ご利用はそのご家族だけ。私はチーフパーサーで、「本日はお客様方だけですから、どうぞごゆっくりおくつろぎくださいい」とご挨拶しました。

ファーストクラスのお客様のために必ず搭載されている蘭の花をどう使うかは、CAの裁量に任されています。私が愛用していたのはぺたんこのビニール素材で、水を入れると立体的になる、便利でしゃれたフラワーベース。

いつもならそれをお客様のじゃまにならないギャレーの入り口付近に飾りますが、空いていたのでお三方から見える一番前のテーブルに飾りました。ちゃんとライトが当たるようにすると、小さなお客様は喜んでくださいました。

ご搭乗後のお飲み物サービスでは、お嬢さんにも直接お好みをうかがいました。

「お飲み物は何がよろしいですか。ソフトドリンクは、オレンジジュース、アップルジュース、グレープフルーツジュース、ジンジャーエール、コーラなどがございます。温かい紅茶や緑茶もご用意いたします」

お酒はおすすめしませんが、それ以外はすべて大人と同じ接客です。

私は接客の経験上、三歳以上の子どもは、自分がどういう扱いをされているか、全部わかると確信しています。まして小学五年生であれば、もう大人と同じです。

私はお食事をおすすめする際も、ご両親に対してと同じようにお嬢さんに接しました。

「お食事のメニューをご案内してよろしいですか。和食と洋食を用意しております。和食は会席料理で、前菜から主菜まで、順番に一品ずつお持ちします。今月は金沢の料理で、主菜には、のどぐろの煮付けをご用意しております。洋食は……」

こんな具合に、素材や料理方法まできっちりと説明し、ご注文をうかがうと、小さなお客様はよく考えて、しっかりご自身のお好みをオーダーなさいました。

年が明けた一月の終わり頃、会社に便箋七、八枚になる手紙が届きました。差出人は、クリスマスイブのご家族のお父様でした。

海外出張が多いのでたくさん貯《た》まったマイルを利用したとはいえ、子ども連れでファーストクラスに乗っていいものか、ためらいがあったこと。機内では気を使わずにすんでほっとしたこと。子どもを歓迎するばかりか大人と同じようにきちんと扱ってもらい、子ども自身が感激したこと……そんな内容でした。

私のほうもお礼状を書くと、今度はお嬢さんから手紙が来て、文通が始まりました。中学受験をしたこと、無事に合格して吹奏楽部に入ったこと。私までうれしくなり、楽器の絵のカードでメッセージを送ったこともありました。

フランクフルトに飛ぶと必ず立ち寄る文房具屋さんは、膨大な絵葉書やカードがクラシックな木の箱に収まり、昔の図書カードのようにジャンルごとに分類されて売られています。いかにもヨーロッパらしいお気に入りのお店で、その人に合ったカードを選ぶことも、私の楽しみの一つです。

五年生だったお嬢さんは、今はもう就職してまさに大人の女性ですが、手紙のやりとりは続いています。

子どもにもていねいに、大人と同じ敬語で話す。この効果は驚くほどです。

あるときのフランクフルト便で担当したのは、海外赴任らしきご家族連れで、五、六歳ぐらいのお兄ちゃんと妹がつっつきあいを始めました。それでも私が敬語で接すると「ここはおうちじゃない」とわかったのでしょう。二人はだんだん、おとなしくなりました。

子どもに対してはつい「ありがとう」「バイバイ」などと言ってしまいがちですが、他のやり方もあります。

子ども扱いしたら相手は子どもになりますが、大人として扱えば、きちんとしてくれます。

お子様用のチャイルドミールであっても、「今日のお食事はいかがでしたでしょうか？」と尋ねれば、「とてもおいしかったです、ごちそうさまでした」という、しっかりした言葉が返ってきます。

この接客はお母様、お父様にも喜んでいただけますし、小さなお客様はやがて若いお客様になって、私たちに新しい風を運んでくださるかもしれません。

小さなお客様とのつながりも、大切なことをたくさん教えてくれました。

大人として接すると、
大人として応じてくれるもの。
ていねいに扱われると、
人は「ていねいに扱われた」自分で
いようとするのかもしれません。

誰かの「すてき」を見つけて言葉にする

お客様が暇つぶしに雑談をしたいのか、それともじゃまをしてほしくないのかは、よく見ていればわかります。ヘッドフォンをつけていたら話しかけないほうがいいし、最近ではWi-Fiをつないでお仕事をしている方も少なからずいます。

逆に少し退屈で、何か話したいなというお客様は、映画もごらんにならず、お休みにもならず、なんとなくきょろきょろしていらっしゃることが多いものです。

そんなときはお飲み物をおすすめしたり、お声がけしたりしていました。

いずれにせよ、大切なのは、相手をよく見ることです。よく見ていれば、相手の求めることがわかってきますし、その人の「すてき」が必ず見つかります。

あるときのソウル便のお客様は、とても魅力的な年配のご婦人でした。二〇〇〇年代初めの韓流ブームの頃、韓国に行く女性のお客様に多くご利用いただきましたが、その方にはひときわ目を引かれました。真っ白な髪はふんわりと手入れされていて、首元のスカーフの色と絶妙な取り合わせなのです。

「おぐしとスカーフがぴったりですね。とてもお似合いです」

思わずそうお伝えしたところ、飛行機を降りる際に「さっきはありがとう。これ、お礼よ」と、何かやわらかいものを手渡されました。見れば、マーガレットのような白い花のモチーフをつなげたレース編みのしおりです。二時間もないフライト中、器用に作ってくださったものでした。手づくりのあたたかさとかわいらしさがあり、今も大切にしています。

たかが服や持ち物と言いますが、わざわざ嫌いなものを身につけたり持ったりする人はいません。着ているものはたいてい、その人が好きなもののはずです。だから、それがすてきだと思えば、ためらわずに伝えたほうがいい。言葉にしなければ相手にはわからない。ソウル便のお客様との出会いでそう感じました。

別の日のソウル便では、見たこともない色の大きな指輪をしているお客様がいらしたので、「まあ、きれいですね！」と思わず口に出しました。あまりに大きいものでしたし、宝石にうとい私にはガラスなのか本物なのかわかりませんが、きれいなものはきれいだから、それを素直にお伝えしました。

男性の時計など、高価なものをほめるのがいいという説もありますが、私はあまり気がつきませんでした。むしろカジュアルなTシャツをお召しのお客様に「それは何の柄でしょうか」とお尋ねして、「デヴィッド・ボウイよ。大好きなの」と教えていただき、それが話題の糸口になるといったことのほうが、多かったようです。

その人をよく見て、「すてき」を見つけて、言葉にする。これは接客に限らず、同僚や家族、身のまわりの人に向けてもいいのではないでしょうか。

ANAの制服が変わったばかりのタイミングの機内で、うまく着こなしているCAに気づいたことがあります。私はファースト、彼女はエコノミーの担当でしたが、持ち場に戻る途中で、たまたま目にしました。

ファイブスターを獲得し、次々と路線を拡大していくANAはCAの人数も八〇〇〇人を超えていて、乗務ごとに「はじめまして」の人がいました。彼女もそうでしたが、私は迷わずギャレーまで行って声をかけました。

「制服、とてもすてきですね。私が見た中で一番きれいに着てるかもしれない」

きっちりとして若々しく、本当に美しい着こなしでした。

あとからリーダーに聞いたところ、彼女はしばらく休んでいて、その日は復帰したばかりだったそうで、休み明けでもあり自信をなくしていたのでうれしかったと思います、とのことでした。後日、バレンタインのチョコレートとともに「過日はフライトで、おいしいお茶の淹《い》れ方、エプロンの着方、お客様との会話のしかたなどを教えていただきありがとうございました。またご一緒することを楽しみにしています」とメッセージをいただきました。

言っても言わなくても同じようなささやかなことでも、言ったことで誰かの心に爽やかな風が吹き込むこともあります。

すれ違ったら相手を見る。同じ挨拶をするのでも、しっかりと相手を見る。

そうして「小さなすてき」を見つけて、言葉にしてみる。
どんな人も必ず、すてきな部分をもっています。もしも見つからないというときは、自分がその人をよく見ていないからかもしれません。

人をよく見ていれば、
すてきなところが見つかります。
自分にとってはささやかなひと言が、
誰かの心を軽くすることがあります。

相手を緊張させないことは、年長者のたしなみ

私がいいな、と思う同僚CAは、とにかくいつも、にこにこしています。

彼女は一緒に第一回「〝OMOTENASHI の達人〟コンテスト」に出場し、賞をとった実力者。私にとってはかわいい後輩ですが、若いCAたちから見れば、大ベテランでしょう。

こうした力のある人やキャリアが長い年上の人に対して、本人がどんなに気さくな性格だったとしても、若い人たちはとっつきにくく思うものです。若い社員は上司に話しかけづらい、親世代の相手には気を使うという話はよく耳にします。

そんななか、私がその同僚CAをいいな、と思うのは、若いCAたちが緊張せずに声をかけやすい、やわらかい雰囲気を自らつくり出しているところです。

たとえば彼女はチーフパーサーでファーストクラスを担当しますが、出発前のブリーフィングで、ビジネスやエコノミーのパーサーに対して声かけをします。そのときもにこにこしているのは、言うまでもありません。

「何か足りないものがあったときは遠慮なく言ってくださいね」

ファーストクラスは特別な席で、お客様のご要望に応えるよう、食事などはビジネスクラスより余裕をもって用意しています。そこで同僚CAは最初から、みんなが頼みやすいように言葉をかけていたのでした。

たとえば、サラダの葉野菜は、ファーストクラスは野菜の種類も量も多くビジネスにも流用が可能だったりと、融通し合える部分があります。

私が同僚CAとともにファーストに乗務したときも、「バターをお借りします！」と、二回ほどビジネス担当の若いCAが顔を出しました。それもにこにこ気軽な様子で、じつにいい雰囲気でした。後輩を緊張させないよう、気安く明るく接している同僚CAの姿は、本当にすてきでした。

立場が上になると、とたんに人に威圧的に接する人もいます。仕事の立場上、示しをつけるために、パフォーマンスでそうしているという人もいるでしょう。もちろん、厳しく何かを伝えなくてはならないという場面もあります。

そうであっても、人を緊張させていいことは一つもないような気がします。私はどんなに年を重ねても、人に気を使わせない人になりたいと思っていました。

CA時代は、必要事項や課題、そのときどきの目標などはもれなく確認しますが、その中にもちょっと冗談を交えたり、笑える部分をつくるようにしました。

ずいぶん前になりますが、年に一度の業務状況のチェックとして、チーフパーサーになって数年目のCAに同乗することになりました。人事評価の一環ですから、彼女はとても緊張している様子。フライト前にすでにかちかちでした。

私は、「ちょっと聞いてみて」と自分のiPodを取り出しました。入れていたのは金魚の泳ぐ水音。偶然、見つけて気に入っていたものです。

「私、こういう面白いのが好きなんですよ。リラクゼーション効果がありますから、これを聞いて、リラックスしていきましょう」

何か注意されるのかと身構えていた彼女は驚き、やがてくすくす笑い出しました。いきなり金魚が泳ぐ音を聞かされるとは、想定外だったのでしょう。
冗談でもいいし、ちょっとした道具でもいい。相手を緊張させない工夫は、大人のたしなみだと感じます。偉い人になるより、やわらかい人になりたいものです。

誰かに偉ぶりたくなるなら、まだ半人前。
相手を緊張させないコツは
くすっと笑える部分をつくることです。

「頼ってねサイン」を上手に出せる大人になる

飛行機には、CAが休憩をとる「レスト」があります。天井の低い寝台車のようなベッドで、機体によって二段だったり一段だったり。ヨーロッパまでの長距離便だとおよそ一二時間のフライトのうち、二時間ほど休憩します。最初のお食事のサービスが終わり、免税品販売のあとで自分たちの食事。その後の空き時間を利用して、交替でレストに入ります。

二時間、めいっぱい休む人もいますが、私は体質なのか、二〇分ほど気を失えばすっきりします。念のため、バイブレーションにしたスマートフォンを枕元に。スマホがない時代には、振動する目覚まし時計を使うのが習慣でした。

ところがあるフライトで、枕元ではなく、足元の振動で目を覚ましました。誰かが私の足元を揺さぶり――いいえ、足を引っ張っています。

「大宅さん、申し訳ありません。お願いできますか！」

すぐに起き出すと、エコノミークラスのパーサーです。明らかに取り乱した様子で話し始めました。

「エコノミークラスのお客様からクレームを頂戴して、担当ＣＡでは対応できなかったのです。それでパーサーの私が出ていったのですが、大変なご立腹でどうにもおさまらなくて。チーフパーサーを呼ぶように言われてしまいました」

話を聞くと、サービスに時間がかかっていたことがクレームの原因でした。

「四〇代くらいの男性のお客様で、何時何分にベルト着用サインが消えて、飲み物のサービスが始まったのが何時何分で、自分の席に飲み物が来たのが何時何分かまで、克明に記録なさっていました。お食事についてもです。『サービスにこんなに時間がかかるのはどういうことだ、あなたがこのクラスの責任者でしょう』と、ゆるしていただけないのです」

震えていた彼女はついに泣き出してしまいました。私は、「わかりました、私が行ってきます」と告げ、まずギャレーに向かいました。熱い日本茶を淹れ、トレーに載せてから、エコノミーのそのお客様のもとにうかがいました。

フライト前の全体の打ち合わせで、私はCAたちに「何かあったら私が対応します」と伝えていました。休憩時間だろうと何だろうと最終的に解決するのはチーフパーサーの役割です。若いCAであれば休憩時間が終わるぎりぎりまで休んでいていい。しかしチーフパーサーは、三クラスすべてを管理します。

つまり、チーフパーサーにとっての業務時間は、サービスをする「お客様のための時間」。そして休憩時間は、自分の休憩とチームのための「余白の時間」です。私はこの余白の時間を利用して、同僚CAへのアドバイスや、ギャレーの掃除をしていました。「そんなの負担が大きすぎる」という意見もあるかもしれませんが、きっちり二時間休むより、余白の時間ととらえていたほうが、自分自身に余裕ができます。何よりそのつもりで休んでいれば、おのずと頼みやすい雰囲気が生まれて、下の人たちが遠慮なく声をかけてくれます。

「せっかく休んでいるのに、起こすのは申し訳ない」と思わせてしまったら、CAともお客様とも距離ができてしまうでしょう。「困ったときは、何でも頼んで大丈夫」というサインを出せば、余白が増えていく気がします。

余白の時間というのは何につけ大切です。「ご立腹のお客様のもとに一分一秒でも早く駆けつけよう！」と焦るより、少しゆとりをもって、一杯のお茶を淹れる時間をあえてとるほうが、自分自身、落ち着いて対応できます。

ご立腹のお客様も熱くておいしい日本茶を召し上がったことで、落ち着いてくださったのかもしれません。ずいぶん前のことで詳細は忘れてしまいましたが、最後には笑顔で雑談できるほど、気持ちをやわらげてくださいました。

事態がおさまったあと、ギャレーで泣いていたパーサーにも声をかけました。「大丈夫、お客様はご機嫌になってくださいましたよ。あんなに怒っているお客様への対応は、あなたも大変だったでしょう。よくがんばりましたね」

なりたてほやほやの新米パーサーです。さぞ、怖かったことでしょう。

最終的に誰がクレームをおさめたかは関係ありません。パーサーとしてできる限り対応し、それでも無理ならチーフパーサーを呼んだことで、彼女は立派に役割を果たしました。それはしっかりと認め、ほめてあげていいことです。

歳月が流れ、彼女もベテランになりました。きっとお客様や若いＣＡたちに、「余白」をもって対応してくれていることでしょう。

一杯の熱い緑茶で
心が落ち着くことがあります。
心が波立ち、
ゆとりがないときこそ
ちょっとひと息、ひと休みを。

小さな行き違いを恐れることはありません

お食事のサービスはCAの永遠の課題です。腕の見せどころでもありますし、お断りをしなければならないこともあり、クレームが生じやすいのも事実です。代表的なのが和食か洋食かといったご希望で、全員の意にそえず、一部のお客様にご協力いただかなくてはならない場面もあります。

人気があるメニューはどれか、どちらかに偏らないか、毎回データとして記録して調整していますが、「どうしてもお肉が足りない」ということもあります。「多めに搭載すればいい」と思われるかもしれませんが、そのコストは航空運賃に上乗せされ、結局はお客様に跳ね返る。そう考えれば、気持ちよく納得したうえでご協力いただけるよう、コミュニケーションをとるのが一番だと私は考えていました。

いつかのファーストクラスでのこと。たまたま全員が和食のご希望で、一食足りなくなってしまったことがありました。

私がお願いしたのは、一番若い男性のお客様でした。

「大変申し訳ございませんが、ご年配の方に譲っていただけないでしょうか？」

「年配の方」でなく「女性の方に」という場合もありますが、たいてい今の言葉ですんなりご理解いただけます。

洋食で我慢していただくぶん、「ご注文のステーキに、ご飯とお味噌汁をご一緒にお持ちしましょうか」と提案したところ、それはうれしいと喜んでいただけました。お話をうかがうと、出張でアフリカに三週間もいらしたとのことでした。

いつも丸く収まるわけではなく、クレームをいただくこともあります。

二〇年も前のゴールデンウィークのことでした。満席のロンドン便で、やはり食事のサービスが遅いというクレームをいただきました。

エコノミーに二つある通路からお食事のサービスをしていたのですが、右側は二台のカート、左側は一台のカートだったために、どちら側から食事が届くかで、同じ横並びの列でも時間差が出てしまいました。左右両通路とも二台でサービスするにはCAの数が足りず、かといって、カートは二人で引く決まりでした。

クレームの主は真ん中の席に座っていたご夫婦。配膳の時間差が大きくて、一緒に食事ができなかったというのです。特にご主人がご立腹で、最終的にチーフパーサーの私がお話をうかがいました。

原因は左右の通路のカートの数の差ですが、それはこちらの都合であり口にすることはできません。また、「時間差が出ないように、カートの数を増やします」などと、できない約束をするのも不誠実です。

問題はお連れ様同士が一緒に食事できなかったことで、CAが気がついて二人分を同じ側から渡せば、何事もなく召し上がっていただけたでしょう。

そこでまず、「気遣いが足りずにご不快な思いをさせてしまい、申し訳ございませんでした」とお詫《わ》びし、「今後こういったことのないよう、ご指摘を反省会で取り上げて検討します」とお約束しました。「改善のためのよいご意見をいただき、ありがとうございます」とお礼も申し上げました。

クレームはただ謝ればいいというものではありませんし、ご要望をすべて受け入れられるわけではありません。できることと、できないこと。お詫びすべきこと、ご理解いただくこと。一つひとつを交通整理したうえで、納得していただくしかありません。

クレームはまた、チャンスでもあります。本当に腹を立てたり、がっかりしたお客様は、「言っても無駄だ」と、黙って去っていくものです。もしも意見を言うとしたら、ネットの書き込みだったりします。

直接クレームを言ってくださるとは、「この人なら話は通じるはずだ」と信用してくださった印です。ちゃんとお詫びをし、交通整理をしながら話し合えば、またご搭乗くださいます。つまり、関係を深めるチャンスになるのです。

現に食事サービスのタイミングがずれたお客様は、最終的には納得し、マイレージ会員の申し込みまでしてくださいました。

「クレームは嫌なものかもしれませんが、恐れることはありません」

私が後輩にこう伝えてきたのは、それがチャンスだと経験しているからです。

仕事先、家族、友人知人。日々にちょっとした行き違いはつきものです。
ごまかしたり、口先だけで謝ったり、逃げたりしない。そうすれば、相手としっかりかかわるきっかけにできるように感じます。

行き違いが起きたら深呼吸。
失礼があれば素直に謝り、
言うべきことは笑顔で言う。
解決策は必ずあります。

物事の「根っこ」に思いをはせる人になる

幼稚園くらいの小さなお客様には、退屈しのぎのおもちゃを。

若い男性のグループには、みんなで気分転換ができるトランプを。

こうしたプラスアルファのサービスは、もともと自発的にCAがやっていたものです。会社はその姿勢を評価し、マニュアルを超えたお客様へのサービスを「ANAマジック」と名づけて応援しています。

今では新婚旅行や記念日、誕生日のサービスができるよう、お皿にメッセージが書けるチョコレート・チューブを常備しています。ケーキとフルーツに、「Happy Birthday」のメッセージを添えた一皿は、おかげさまでご好評をいただいているようです。CA側にとってもうれしいことで、続けてほしいと思いますが、忘れてほしくないのは、それはサービスの中の「花」だということ。

私は後輩CAたちに、機会があるとこう伝えていました。

「バースデープレートはすてきです。でも、それだけに走らないようにしてください
ね」

お祝いプレートを出せば、お客様の喜びの声がダイレクトに返ってきて、サービスする側も励みになります。とはいえ、プレートを作るのは時間がかかります。そして、フライト中のCAはなかなかの激務です。

長距離線の場合、お食事をお出しして暗くなったタイミングはCAが食事をいただいたり交代で休憩したりできる時間ですが、お客様の人数が多いとその間もさまざまなリクエストがあります。食事は立ったままで飲み込むようにいただくことも日常茶飯事ですし、お茶一杯飲めないときもあります。

まめに掃除をしないとトイレは汚れます。赤ちゃん連れやお年寄りがいたらお手伝いをすることもあるでしょう。

そんななか、バースデープレートを作るというサービスの「花」の部分に集中

できるのは、他のＣＡがお客様にお水のサービスをし、汚れたトイレをきれいにしてくれているからです。サービスのうち、そういった地味な「根っこ」の部分があるから、「花」のようなサービスができる。すべてはチームの協力で成り立っていることを、忘れてほしくはないと考えていました。

「花」のサービスばかりやりたがっていたら、それはいつの日か、いいとこ取りをする根っこのないサービスになります。

また、お客様は記念日のお客様だけではありません。ファースト、ビジネス、エコノミーと三クラスある以上、サービスの種類は三種類となりますが、同じクラスの中では平等が大切です。

私はチーフパーサーという立場で働いてきたので、目立たない努力をしているＣＡたちを見逃さないように心がけていました。

あるとき、スリッパでトイレに行こうとしたお客様が、トイレのドアを開けてから引き返し、靴にはき替えていました。それを見ていた若いＣＡは、「あっ、申し訳ありません！」と、すぐにトイレに入りました。

彼女が察知したとおり、トイレの床はびしょびしょ。スリッパが濡れてしまうから、お客様は靴にはき替えようとしていたのです。

お詫びして、素早く濡れた床を掃除したそのCAはお客様におほめいただき、スターアワードでも表彰されました。スターアワードというのは、客室部門のメンバーが仲間を見ていて「これは感動した、見習いたい」と思った人に贈るもので、受賞者の名札には、小さな星がついています。これはANAのほめ合う文化だと思います。

もしもそうした制度がなくても、陰日向《かげひなた》なく働く「根っこ」のサービスができる人は、きっと枝を伸ばして花を咲かせます。

信頼を得ていく人は、地道にがんばっている人。年齢を重ねてもそうありたいですし、目立たなくても誠実な若い人を、きちんと見つけ、認める目ももちたいと願っています。

お料理より後片づけ。
瀟洒《しょうしゃ》な家具より整理整頓。
暮らしの中の「根っこ」を
大切にする人はすてきです。

あなたはあなたのよさを、出しさえすればそれでいい

六〇歳で雇用延長となり、班に属さないCAとして働いてきた五年間はあっというまで、「いよいよ六五歳が近づいてくる」というとき、私はCAたちに、伝えておきたいことをどんどん話すようにしていました。

「私はもう時間がないから、手短に言いますね。若いCAを伸ばしたいなら、しかるよりもほめてください。どんな人にも必ずいいところがあるから、それを見つけるのが上の者の役目です。そのほうがチームもうまくいきますよ」

これはベテランCAに話していたことであり、私が今も自分に言い聞かせている言葉でもあります。

誰にでもいいところはあるはずで、ほめることが見つからないのなら、それは

自分が相手をちゃんと見ていないからだと考えるようにしています。

「あなたはあなたのよさを、出しさえすればそれでいい」

相手をほめるとは、そんなメッセージを伝えることでもあります。

上の立場になると、「指導しなければ」と気持ちが焦り、下の人の弱点や改善すべき点を指摘してしまいがちです。そのあとから「でも、ここはいいですよ」とほめたとしても、それはつけたしかごまかしのように響いてしまいます。結局、注意したこともほめ言葉も、相手の心に届かないということです。

反対に、まずいいところを認めてほめたうえで、「そのよさをもっと活かすには、こうすればいい」と前向きな提案をすると、相手は「自分のことを認めてくれている」と安心します。認めたうえで、よりよくするアドバイスを伝えるのであれば、相手も受け入れようと思ってくれるでしょう。また、どんなに前向きな提案だとしても、一対一のときに言うのもポイントです。

さらに、「たとえ前向きであっても、押しつけがましくならないようにアドバイスするといいですね」とも伝えていました。具体的には、いつも「?」のかたちで話し、相手が自分で考えるように水を向けるということです。

「あなたのお出迎えの挨拶はとてもよいですね。はたから見ていても、気持ちがいいわ。そう考えると、お見送りの挨拶がちょっと気になったけれど、どうでしょうか?」

「あなたのていねいなやり方は、お客様に確実に喜ばれますね。受けてみたくなるサービスですよ。スピードをもう少し上げると完璧な気がしますが、あなたはどう思いますか? もちろん今のままのペースで効率だけ上げるやり方もあるかもしれないですね?」

私はこんな具合に言っていましたが、オリジナルというわけではありません。かつて私が国内線の新人だった頃、先輩CAが「それって、どうなのかしら?」と自分の頭で考えられるように上手に促してくれたやり方を受け継ぎ、次の世代のCAにバトンタッチしたということです。

上司から部下、先輩から後輩、親から子に限らず、人に何か言いにくいことを言うならば、まずは相手を肯定し、「安心メッセージ」を出す。こうすると、人との関係がおだやかになります。

お客様が足元いっぱいに荷物を置いていて危ないとき、「ここに置かずに上の棚にお願いします」と、いきなり注意することもできますが、もっとやわらかい言い方もあります。

「お荷物、きっと大事なものなんですね。それでしたら上の棚にお載せしましょう。安心ですし、お客様ももっと足を伸ばしておくつろぎいただけますよ」

あるときはなんと、「これ、じつはウエディングケーキなんです。新婚旅行でして」というお答えで、「おめでとうございます！」と、そこから会話も生まれました。

相手を受け入れる姿勢には、人とのつながりを生み出す力があるようです。

アドバイスを伝えたいなら、
相手の心をまず温めてから。
お肌と同じで
メッセージがしみ込みます。

まだ知らないことがあるとわかれば、誰かに少しやさしくなれる

便や距離によって違いますが、一つの便に乗務するＣＡは一三名ほど。社員数が多いので、みんなと「はじめまして」というケースも多いのですが、一三名のうちのほとんどが同じ班のＣＡで構成され、数人だけ他の班のＣＡが乗務する……という「班フライト」もあります。

ロンドン便の乗務の際、滞在先のホテルにチェックインしようというとき、たまたまロビーで顔を合わせた若いＣＡがいました。

「お疲れさまです、明日はどうするんですか？」

声をかけると、少しバツの悪そうな表情で「私はお部屋で過ごします」との答え。

仕事中は役割分担が決まっていますから、同じ班員だろうと初対面だろうと、

やりにくいことはありません。しかし、長距離線の仕事を終えて一日休みというとき、ほとんどが同じ班のCAなら、一緒に食事や買い物に行くでしょう。そういうときに、他の班から合流しているCAはやりにくい。誘われなくても寂しいけれど、誘われても内輪の話についていけなかったりで、気を使うのもくたびれる……。

「私はおいしいランチを食べて、美術館に行くの。一緒にどうですか？」

六〇歳を超えてから私は班に属していなかったので、誰とも同じ班ではありません。そこでしばしば、ほぼ初対面の若いCAに声をかけ、二人きりだったり、何人かだったりで食事や絵画を楽しみました。いろいろな「初めまして」のCAたちとステイ先で過ごし、いつのまにか二〇歳、三〇歳も年の離れた彼女たちと、仲のいい友だちになっていました。

入社したての若い人に大学について聞くと、面白いことをしっかり勉強していたりして、刺激を受けます。出身地の話でも知らないことがたくさんあるし、そもそも若い人は、自分が知らないことをいくらでも知っているから、聞いてみたいことばかりです。知らないことを教えてくれるだけでも、十分尊敬の念が湧きます。

「三歳以上は大人と同じく自分がどう扱われているかがわかる」と書きましたが、私はまた、「人は二〇歳までに、価値観やものの考え方が固まる」と思っていて、その後は何歳でもそんなに変わらないと感じています。その意味で、二三歳のCAと私は、同じ人間同士で上でも下でもありません。


私の仲間でも、「今の若い人はどうのこうの」と言う人がいますが、私はまったくそう感じません。「若い人と若くない自分」という線引きをしていません。

私の友だちには七〇代も二〇代もいますが、その人たちは自分と価値観が似ていて、同じような考えをもっているから仲よくしています。

先日も、いわゆるゆとり世代の友だちに赤ちゃんができてお祝いに行きましたが、「孫のよう」とは思いませんでした。「友だちの子ども」という感覚です。

「年をとって友だちが減っていって寂しい」という話も聞きますが、自分自身が知らずにまとっている「年齢のバリア」を外し、友だちの対象年齢を同世代以外にも広げれば、新しい出会いはたくさんある気がします。

変化を起こすものは自分の内面にある場合もありますが、きっかけの多くは人から、外からの刺激であったりします。うれしいことも、ちょっと心にひっかかることも、みな変化を起こす「風」です。若い友だちもまた、さまざまな経験をさせてくれる新しい風です。

この本では私の経験をお伝えしてはいますが、私自身は、過去にしがみつくつもりはありません。「あの頃は」と言いそうになったら「今は」と言い換える。これからも、そんな自分でありたいと願っています。

まだ、「できあがり」ではない自分。
まだ、「完成品」ではない自分。
そんな自分が、出会いという風に吹かれて、もっともっと成長していく。私はずっと、そんな旅を続けるつもりです。

自分はまだ「完成品」ではない。
そう思えば素直になれます。
わからないことも教われます。
どちらが年上かなんて、
些末《さまつ》なことではありませんか？

第3章

半径一メートルから日常を整える

「スケジュールどおり」をこなすことから始める

もう一〇年以上も前のことです。あるＣＡが退職する際の滞空証明書授与式に居合わせたことがありました。

その退職の挨拶で「私は、新人の頃、大宅さんにどうしたら仕事ができるようになりますかと尋ねたところ『いただいたスケジュールを自分から崩すことなく飛んでください』とアドバイスをいただきました。そのとおりにしました」というのです。そんな話をしたような記憶はありますが、定かではありません。

私は思わず、「すごい」と声を出してしまいました。

アドバイスした本人は、恥ずかしながら、風邪や食中毒で休んでしまいました。スケジュールどおりに休まず続けるというのがどれだけ大変なことか。彼女とは何度か一緒に乗務したことがありますが、仕事がていねいで尊敬できる方でした。自己管理の賜物《たまもの》だと思います。

「いつもどおりを続ける。決められたスケジュールを守る」

これは簡単そうで、じつはたいそう難しいことです。人は病気にもなるし、生きている間にはいろいろあります。仕事に限らず、いつもどおりに食事を用意する、毎朝お弁当を作る、いつもどおりに家をきれいにする、いつもどおりに身だしなみを整える、毎朝決まった時間にやるべきことをやる……変わらず長く継続するというのは、案外、骨が折れます。

それでも暮らしや生き方を整えるには、やはり「いつもどおりを続ける」というのがベストではないか。私はそんなふうに考えています。

「普段はだらしなくても、いざというとき、きれいにすればいい」

「いつも手抜きご飯でも、月に一回だけ豪華な食事」

そういうやり方が悪いと非難するつもりはありませんし、何事も人それぞれです。ただ、長くすこやかに、自分のリズムで働いたり暮らしたりするためには、

「いつもどおり」が大切だなあと、私は感じているということです。

あるとき同僚CAが、学んだばかりの知識をおすそ分けしてくれました。「環境整備」という考え方で、環境を整えると物事がスムーズに回るそうです。

そう考えれば、身のまわりを整えることは環境整備の第一歩で、問題回避の第一歩かもしれません。実際、トラブルが起きるときというのは、必ず何かしらの混沌《こんとん》があるのではないでしょうか。

環境整備というと大げさですが、たとえばクローゼットがぐちゃぐちゃになっていないか点検し、「いつもどおり」になるよう整備する。これだけで、自分自身が心地よくなります。

日頃から環境整備をしていれば、いつでも準備万端ですから、何か始めようというとき、スタートダッシュできそうな心持ちになります。年齢を重ねても、好奇心が赴くままに新しいことにチャレンジできる、そんな気分になってきます。

私が心がけているのは、「半径一メートル以内をいつでも心地いい状態に」ということ。そこには自分自身の体のメンテナンスも含まれます。点検・整備とアップデートをくり返し、出かけていくのは、フライトも自分自身も同じです。好奇心はいつでも人生の翼。今を楽しくしながら、新しい場所へ飛び立つために、半径一メートル以内の「いつもどおり」を、快適に保っていたいものです。

「いつもどおり」とは
自分のリズムをつくり出すこと。
新しい今日を、自分のリズムで
軽やかに始めましょう。

いつでも「次に使う人」のことを考える

ＣＡの「楽屋」とも言えるギャレーは、食事や飲み物を用意する場所。お客様の目にはつかないけれど、基地のような役割を果たしています。だから「いつも清潔に」を心がけてきました。

たとえば、ギャレーにある電子レンジ。お客様のご要望があるたびにいろいろなお料理を温めるので使用頻度は高く、ラップをかけていても、ものによっては小さな〝爆発〟を起こします。それは家庭用の電子レンジと同じだと思います。

私は乗務中いつも、時間を見つけて電子レンジの内部を磨いていました。お客様には絶対に見えない部分ですが、口に入れるものを温めるところ。清潔なのかそうでないかは、大切なことに思えました。

また、ギャレーのゴミ箱も、いつも磨き上げておきたい場所でした。缶やペットボトルは分別用の袋がありますが、お客様のお食事の残りや使い終えたティーバッグなどは全部ひとまとめにゴミ箱に入れます。

むき出しにならないよう、ステンレス製の蓋がついていますが、ゴミを入れる際には、どうしても汚れます。いくら外から見えなくても、ゴミ捨てで開けるたびに汚れが目に入る——これは気分がいいものではありません。

そこで、熱い湯で絞ったタオルを使い、ゴミ箱と蓋を拭く習慣ができました。汚れをまず熱いタオルでぬぐい取り、それから乾いたタオルで磨く。ステンレス製ですから、まだ新しい飛行機だと顔が映るくらいにピカピカになります。

磨き上げて顔が映ったときの、その達成感ときたら！　すばらしくきれいになったことで、私はがぜん、やる気になるというわけです。

これは私の好みであって、他のＣＡに「ゴミ箱までピカピカにしなさい」と指示していたわけではありません。

自分がやりたいからやっていただけではありますが、とはいえ、ギャレーの掃除は、あながち自己満足でもないかもしれないと思うようになりました。なぜなら、何事も「そのあとの人」がいるからです。

たとえば、飛行機が到着してお客様を送り出し、私たちＣＡも機内を出たあと、清掃係、次の便のための食事や備品の搬入係、整備点検係など、さまざまな「次に飛行機を使う人」たちが機内に入ります。できる限りきれいにしておけば、その人たちの仕事はやりやすくなるかもしれません。

ゴミでもペットボトルでも、自分たちが拾えるものは拾っておく。機内で起きたことですから、お客様が戻してしまったときもＣＡがきれいにしておきます。

次に使う人が使いやすいように。

あとから来る人が気持ちよく仕事をできるように。

これが私が大切にしてきた仕事のやり方の一つでした。

次に使う人のことを考えてみませんか？
自分でない誰かが使いやすいように、
気持ちよく過ごせるように。
自分が、心地よさの
起点になることもできるのです。

何事も「きれいにする」ことは、やる気と自信のはじまり

ギャレーをピカピカにする価値を教えてくださったのは、国内線に乗務していた二〇代の頃に出会ったお客様でした。

国内線は飲み物だけのサービスですが、大勢が使えばやはり汚れます。そこで手が空いた私は、ギャレーに戻るたび、こまめに拭いていました。

着陸態勢に入り、非常口付近のCAの定位置に座っていると、対面にいた年配の女性のお客様が、声をかけてくださいました。

「あなたが一生懸命にお掃除している様子、私の席からよく見えてましたよ。足元が広いからこの席はよく座りますけれど、あんなにお掃除している人を見たのは初めて！　あなたすばらしいわ」

ギャレーはCAの楽屋とはいえ、ちゃんと見ている方もいる。清潔さが伝われば、飲み物も気持ちよく飲んでいただける……。

私のギャレー掃除の習慣は、その頃から根づいた気がします。

「こんなにギャレーをきれいにするなら、ご自宅じゅう、ピカピカでしょう」

こう言ってくれる仕事仲間もいますが、じつはそうでもありません。散らかしてはいませんし、キッチンはピカピカかもしれませんが、あとはごく普通です。

なぜなら、自分の家は自分だけが使うものだから、基本的に自分がよければいいわけです。私は一人暮らしですが、ご家族がいても、家族がよければそれでいい、という気安さはあっていいと感じます。

逆に言うと、たくさんの人と使う場こそ、「いつもきれいに」が大切です。というのも、気持ちよさも気持ち悪さも、人数分だけ拡大していくから。

飛行機のトイレも使う人の数は限られますが、公共の場と言えます。とてもきれいに使ってくださる方がほとんどでしたが、駅のトイレはどうでしょう?

もし、自分のおうちはピカピカにしているのに、公共の場は汚くしても平気という人が多ければ、結果として大勢の人に不快感が広がってしまいます。トイレの清掃係もまた、自分の後工程にいる「次の人」だと思えば、駅や公共施設であっても、きれいに使おうという心配りができるかもしれません。

小さな気遣いが広がれば、気持ちよさが広がっていきます。一人がきれいに使えば、次に使う人、そしてお掃除の人にまで、「きれいのバトン」を渡せます。

機内でのトイレ掃除も、CAの大切な業務の一つですが、その中で私は、清潔さには印象も大切と、常々痛感してきました。

ファーストクラスのトイレは定員八名に対して二つ。お客様が使用されるごとに清掃します。便器、手洗いボウル、床まで、全体を念入りにきれいにします。

たとえば手洗いボウルは濃い青のガラス製で、ピカピカだと心地いいものですが、残った水滴が乾くと白っぽい跡になります。汚れではなくても「きれいの印象」を損ねてしまう。そこで手洗ボウルの水滴まで、全部拭き取っていました。

トイレというのは、便座に座っているときと立ったときで、目につく場所が違います。どこから見てもきれいとなるよう、きちんと拭きます。

また、飛行機につきものの静電気は、お客様が汚さなくても、白い壁にホコリや髪の毛が貼りつく原因にもなり、油断大敵です。それも濡らしたタオルで取り除けば、ドアを開けたお客様を「あれっ」という気持ちにさせずにすみます。

こうして「いつ見てもきれいなトイレ」を保てるよう、CAが使う棚には、拭き取りシートや除菌スプレーなどが入ったお掃除バスケットを常備しています。

掃除熱心になるあまり、帰国便のCAが使う分の掃除道具がなくなってしまってはいけません。後工程まで配慮するのも「次の人へのきれいのバトン」。

行きで使ったものは奥に入れ、帰り用の備品を手前に出しておくというちょっとしたひと手間を惜しまない。これも次の人の使いやすさを考えてのことです。

ごく小さな心くばりで、「きれいのバトン」を渡せたり、「仕事のしやすさのバトン」を渡せるなら、惜しむべきひと手間ではないと思うのです。

公共の場を
「わが家のリビング」と考えてみる。
そうすれば、世界が少しずつ
整っていく気がします。

いつでも、限られた中での「最高」を探す

ファーストクラスで私が編み出した「わざ」は、ステーキをお客様のお好みどおりに焼くこと。

ステーキは定番メニューでご要望も多いのですが、搭載される時点では、表面に焦げ目がついた冷凍のお肉。これをギャレーのオーブンで焼き上げます。

レア、ミディアム、ウェルダンはあたりまえで、「ミディアム・レアのちょっとミディアム寄りで」なんてご要望にも応えられるように研究しました。

「ファーストクラスは空の上のレストラン」と呼んでいただいているとはいえ、本物のレストランに比べれば設備は限られており、なかでもステーキの火の入れ方は難しいものです。大げさに言えば、「いつも焼きすぎになってしまう危険」

と隣り合わせというところでしょうか。

そんなわけで、この「わざ」を完成させるまでは、あらゆる試行錯誤がありました。機内食を手がけているANAケータリングのシェフに、いかに焼き加減を調整していったかという話をしたところ「それはすごい！」と感激してくれたほどです。


これは必要に迫られてやったことではありません。「飛行機に細かいリクエストは無理だろう」と割り切っているお客様も多くいますし、実際に「レア、ミディアム、ウェルダン」のご要望に応えられれば合格点かもしれません。

また、年齢を重ねたり、仕事に慣れてくると、「どうせ」「こんなもの」「ほどほど」という悪魔のささやきが聞こえてきます。

「どうせ機内で完璧なステーキは無理。ほどほどに上手にやればいい」と。

でも、そこであらがうように、ひとふんばりの工夫をする。限られた中での「最高」を目指せば、もっとうまくなるかもしれません。

何度もあきらめずにチャレンジするのは大変なことではなく、楽しみです。

「飛行機の中でこんな絶妙な焼き加減のお肉が食べられるなんて！」

「わざ」が完成したあとは、お客様に喜んでいただいていましたが、同じく喜んでくれたのがキャプテンたち。キャプテンの食事もCAが用意するので、私と一緒の乗務だと、「あの肉が食べられる！」と思ってくれたようです。

後輩CAたちにも、この「わざ」は受け継がれています。お肉が香ばしく、ナイフを入れるとたっぷりと旨味を含んだ肉汁があふれてくる焼き加減。

もちろんこれはANAの秘伝です。新聞や航空業界誌の取材などを受けた際には、何でも正直にお答えしていた私ですが、この「わざ」の詳細についてだけは明かしませんでした。ぜひご搭乗のうえ、お試しいただきたいと思います。

ライト兄弟の昔から、
飛行機は限られた条件の中で
最高を目指してきました。
より高く、より速く、より遠くへ。
飛べただけで満足してしまったら、
空の旅はいまだ夢だったかもしれません。

「あたりまえなのに、とっておき」を一つ武器にする

秋田発羽田行きの国内線でのこと。国内線プレミアムクラスは価格が高いだけにシートは広くゆったりとして、飲み物とお食事のサービスがついています。

それなのにあるとき、「何もいらない」というお客様がいらっしゃいました。

あとからリクエストがありましたが、「お茶を一杯」というもの。

そこで私が淹《い》れましたが、お出しするのは担当のCAに任せ、キャビンを回りました。チーフパーサーとして全体を見ておくためです。

しばらくしてギャレーに戻ると、担当CAが「お客様がお呼びです」と言います。このお茶を淹れた人と話したい、とのリクエストでした。

お席にうかがってみると、四〇代くらいの男性です。

「僕は出張でいつも乗っていて、この食事メニューも何度も食べているから、パスしたんですけどね。こんなにおいしい日本茶を飛行機の中でもらったのは初めてですよ。この一杯だけで、今日、プレミアムに乗った価値がありました」

日本茶は日本を代表する飲み物。気軽なペットボトルから高級なお茶までいろいろありますが、おいしいものとそうでないものの差は大きいものです。たかがお茶、されどお茶。

機内という制約の中でおいしいお茶を淹れたいと、私は工夫を重ねました。努力の甲斐あって、「これはおいしい」と、九杯もおかわりしてくださったお客様もいたほどです。

とっておきのお茶は、ティーバッグで淹れます。簡単な「わざ」なので、ご紹介しましょう。

一人分であれば、茶碗の四分の一くらいの水にティーバッグを入れ、スプーンで十二分に押し出します。破れないようにご用心ください。お湯が熱いとお茶の苦みが出てくるので、水出しにすることで甘みが引き出せます。

やがてできた濃い緑色のお茶エキスは、甘みしか出ていません。そこにお湯を入れて少し撹拌《かくはん》し、ティーバッグを取り出したらできあがりです。

お茶を持ち歩く習慣のある方は、水と日本茶のティーバッグを入れたボトルを一晩、冷蔵庫で冷やしてみてください。翌朝には甘みがあって、色もきれいなおいしいお茶になっています。

何か一つ、「これはおいしい」というものが作れると、自信になります。

私は二〇年ほど前からこうしてお茶を淹れていますが、これは自分にとっての小さな自信につながっている気がします。

自分の自信につながる、オリジナルなレシピ。それも特別なごちそうよりも、毎日いただくものがいいような気がします。

あまり気取らないけれど、特別なもの。食べ物でも、飲み物でも、気持ちをほどき、次へ飛び立つための元気をくれる、お手製のものがあるとすてきです。

普段づかいだけれど、とっておき。
そんなお手製レシピ、
あなたにはいくつありますか？

食事は「決まった時間に、いいものを少し」いただく

どんな仕事をするにも瞬発力や判断力が求められ、体力も必要です。肉体が衰えると、一〇〇年時代という長い人生を楽しめなくなります。

私は新しい健康情報に敏感で、いいものは取り入れます。ジムで泳いだり鍛えたりして、筋力を維持し、食事は特に大切にしています。

海外に行くと時差があるため、みなさんもご旅行の際など調整なさっていると思います。私の場合は長距離便で海外に飛ぶと、現地で一日休んで、その次の日は帰国便に乗務というパターンがほとんどでした。

睡眠コントロールは難しく、起きていても眠気がとれなかったり、すぐに目が覚めて「まだ夜中の二時だ！」となってしまったり……。

「眠らなきゃ、眠らなきゃ」と思いつつ眠れないのはつらいもの。そういうときは無理に眠らず、アプリで日本のラジオを聴いて過ごしていました。

ちなみに眠るときは、ガーゼマスクが必需品。気圧の関係で航空性中耳炎になりやすいので、風邪は大敵です。ガーゼのマスクの中には、びっしょり濡らしたガーゼを入れて乾燥を防ぐだけで、風邪をひくリスクはぐっと減るものです。

睡眠で調整できない時差ぼけは、食事である程度、調整できます。

どこへ行っても、三食きちんと、現地の朝昼夜に合わせていただく。これで体内のリズムが整います。早朝便でニューヨークに到着したとしたら、現地で買ったフルーツやリンゴジュースを朝食に。早めのお昼は町に出て仲間と食べ、美術館に行ったりして、夕食もしっかり食べると、ずいぶん違います。

乗務中はまた、なかなか三食きちんと食べられません。

国内線に時差はありませんが、一日に三、四便飛ぶので、じつに目まぐるしくなります。飛行機が到着し、お客様が降りたら、すぐ機内清掃と次の便の準備と自分たちの食事。といっても、次のご搭乗までの三〇分ほどで、すべてこなすのです。そしてこの食事を逃したら、次はいつ食べられるかわからない……。

お弁当は用意されていますが、結局機内清掃中のホコリっぽい中、三分で詰め込む、というありさまに。だからこそ、決まった時間に、それも温かいものを食べることが、私にはいっそう大切に思えるのかもしれません。

自分のペースで過ごせる今は、「添加物は避ける」を原則にしています。

食材はなるべく有機のものを。朝ごはんは決まっていて、自家製の豆乳ヨーグルトにバナナとシリアルを入れたもの。そこに黒豆きな粉とゴマをふりかけ、レーズンかプルーンを一個か二個。甘みはドライフルーツで十分です。この定番の朝食で腸内環境が整い、肌の調子もいいようです。

昼と晩は外食でも自宅でも、「温かいもの」が原則です。パンやおにぎりだけだと味気ないし、炭水化物だけでは体力、筋力がつきません。また、買ってきたお惣菜はおいしいけれど、添加物も気になります。その点、「今自分が作ったもの」なら、保存料も添加物も心配ありませんし、温かくいただけます。

食事は生きていくうえでの基本の「き」。おろそかにしたくないと思います。

今日食べたものが
一〇年後の体をつくる、
そう聞いたことがあります。
一〇年先の自分のために
「健康貯金」をいたしましょう。

身につけるものは「すてきだけれど一歩引いた存在感」

「もうちょっとだけ、いい時計をされたらどうでしょうか？」

あれは何年前でしょう。プラスチックフレームの、中高生がするような時計をしていた新人ＣＡに言ったことがありました。時計はＣＡの必需品。ＡＮＡでは「万一の場合に脈をとれるよう、秒針があるもの」というルールがあります。

たとえ安物であっても秒針があれば、機能面では問題ないかもしれません。

それでも旅は非日常で、時計は案外、お客様の目につくもの。それならＣＡはすてきにしていたほうがいい――そう思って私は「もうちょっといい時計」という表現をしたのでした。

しばらくしてそのＣＡに「あのときの言葉でカルティエの時計を買いました」

と言われ、「そんなにいいものじゃなくてもよかったけど」と笑ったものです。

身につけるものは、ちょっといいけど目立たないもの。

時計を例にとれば、お客様より華美では困るので、高級ブランドのきんきらきんやダイヤつきは絶対にふさわしくありません。キャラクターものはかわいらしいけれど、イメージに合わないので避けます。

この一〇年ほど私が使っているのは、セイコーのソーラー電波時計。「一〇万年に一秒しか狂いません」という真偽を確かめるには寿命が足りませんが、メンテナンスいらずで傷がつきにくいのも気に入っています。

あまりよくないなと思うのは、中途半端なブランドもの。高くもなく安くもないブランドものは「ちょっといいけれど目立たない」とはなりにくいようです。

国際化するなかで、機内で外国の方々と接する機会も多いＣＡが、日本の製品を身につけている、そんなささやかな「クールジャパン」の表明も、なかなかいいと思いませんか？

「身だしなみ」は
自分のためだけでなく
見る人のためのもの。
目立たないけれど、キラリと光る
「引き算の存在感」を。

普段づかいのものこそ、良質なものでそろえてみる

海外に頻繁に行って、一日くらい自由時間がある。そんなパターンが続く国際線のCAの中には、買い物好きな人が少なくありません。

私自身はブランド品に興味がなく、「気に入ったものを、手入れをして長く着る」というタイプなので、大きな買い物といえば、好きな画家のリトグラフくらいでしょうか。ダイビングで見たモルディブの海の色に似た、大好きな作品です。

「大宅さん、私、今シーズンはブーツを六足、買っちゃいました」

仲よしの同僚CAも買い物好きな一人で、ある年のバーゲンシーズンにはこう言っていました。彼女は誰もが認めるエレガントで美しい人ですが、足は二本し

かありません。どのブーツも形は違うといっても、足が入る形ですから、バリエーションにも限度があるでしょう。

「ほしいものを買ってはダメ。必要なものを買わないと、いずれ家じゅうゴミだらけになりますよ」

彼女と仲よしだからこそ、地に足をつけてね、と私はいつも忠告していました。

服やバッグ。アクセサリーや化粧品。食器や珍しい海外の食材。

「あっ、いいな、ほしいな」という気持ちで買っても案外使わないもので、結局はゴミになってしまいます。「食べないうちに賞味期限が切れた」「一度着ただけでタンスの肥やし」という残念な話が、どんなに多いことか。

「今、必要なもの」だけにしぼって買い物をすれば、家の中も気持ちもすっきりします。何より、お財布がさびしいということもなくなります。

本当に大切に使いたい少しのもので自分の空間を作れると、使わないものに囲まれて片づけに追われるよりずっと、豊かに暮らせる気がします。

大人になったら、
「必要」なものを
「いいもの」でそろえてみる。
その心地よさを知っておくのが、
大人の贅沢《ぜいたく》かもしれません。

階段を駆け上がりたくなるような靴をはく

靴は私にとって仕事道具であり、相棒でした。いつしか自然に、きれいに靴を磨いてから家を出るのが長年の習慣になりました。

ＣＡは立ち仕事。オフィスに出社して乗務し、仕事を終えてから現地のホテルに入るまでの一八〜二〇時間ほど、休憩時間以外はずっと立っています。はき慣れた靴は、だんだん傷んできますし、ＣＡが引くカートは、金属のブレーキを足で踏んでロックをかけたり外したりするため、革の靴先に傷もつきます。

楽な姿勢でうつむいているお客様の視線は下がり、ＣＡの足元は目につくもの。見た目もきれいにしておきたいですし、何より自分が「汚い靴をはいているな」と思うと、気持ちよく仕事ができない……そんな感覚もありました。

私は「人は足元を見る」という言葉から、足元こそ大切だと常日頃から思っていて、靴のメンテナンスには、自分なりの工夫と研究を重ねてきました。

羽田空港地下の靴磨き屋さんに通い、やがて仲よくなると、長持ちさせるコツを教えてもらったほか、疲れにくい靴をずいぶん探しました。ドイツでマイスターをとったという、東京の小さな靴屋さんにお世話になっていたこともあります。

医療用の靴も作っていた腕の確かな職人さんで、はき心地は抜群。一足四万円ほどのパンプスを三、四足作っていただきましたが、四年はもちました。店じまいしてしまったのが残念ですが、体に負担がかからないよい靴を、きれいに磨いて手入れしてはく習慣は今も変わりません。

私は日頃から歩くのが速く、駅などで階段を見ると、つい駆け上がりたくなる自分がいます。速足は運動にもなりますし、フットワークよく動けるのは、手入れされたはきやすい靴と、日頃から運動している体のおかげだと思っています。

スピーディーな動作は若々しさにつながりますし、自分自身もリズムができて気持ちよいものです。

ただし、決してあわてないこと。動きが素早いことと、あわてることは違います。「あわてない立ち居振る舞い」も、身だしなみの一つです。

歩き方がきれいな人は
美しく見える気がします。
軽い足どりは、
心まで軽やかにしてくれます。

「お先にどうぞ、ごゆっくりどうぞ」なごやかさは自分から

長年サービスを仕事にしてきたせいでしょうか、私はちょっと手を貸すことがくせになっているようです。

電車でお年寄りに席をゆずるのは当然として、「あれ、困っているかな？」という人を見かけると、気がついたときにはもう、手が出ています。

先日、駅で見かけたのは、片手にスーツケース、片手にお子さんの乗ったベビーカーという若いお母さん。のぼりのエスカレーターの前で呆然《ぼうぜん》としている姿を目にしたと同時に、「手伝いますよ」と声をかけていました。

手伝う、ゆずる。こうした小さな手助けも、くせになってしまうと、苦になりま

せん。まわりはなごやかになりますし、何より自分自身が気分よく過ごせます。

私も神様ではありませんから、以前は運転中など、「前の車が遅いなあ」という思いがゼロではありませんでした。

でも、そうしたイライラは、口にしたとたんに大きくなります。自分の気持ちがとげとげしくなるばかりか、たとえ絶対に聞こえなくても、まわりのドライバーにもイライラが伝わってしまう気がします。

ところがあるとき、魔法の言葉を見つけました。

「お先にどうぞ、ごゆっくりどうぞ」

この魔法の言葉のおかげで、高速を走っていて割り込まれても、一般道を走っていて前の車がゆっくりでも、まったくイライラしなくなりました。


できるうちは人に手を貸し、いずれは自分も手を貸していただく。

そして魔法の合言葉は「お先にどうぞ、ごゆっくりどうぞ」。

なごやかな空気をみんなでつくっていけたらいいな、と思っています。

お先にどうぞ、と誰かにゆずり、
ごゆっくりどうぞ、と誰かをゆるす。
心にトゲはいりません。

雨の日こそ、明るい紅を差しなさい

「今日は口角を上げて歩いてみようかな」

ある朝、ふとそんなことを思って家を出ました。

まずはバスの運転手さんに、口角を上げて「おはようございます」。この運転手さんはいつも「おはようございます」と返してくださいます。

バスを降りて歩き出しましたが、口角は上げたまま。

すると、どうしたことでしょう。男子中学生、散歩中の白髪のご婦人、その道すがらにあるお宅の三〇代ぐらいの女性。まったく属性が違う方が、「おはようございます」と声をかけてくださったのです！

口角を上げただけで、こんなに違うものかと驚きました。たとえつくり笑いでも、これほど効果があるなら、続けていこうと思いました。

挨拶が返ってこなくても、「挨拶すると、自分自身が気持ちがいい」と思えばためらわずに声が出せます。


口角を含めて、口元というのは意外に印象が強いようです。

おしゃれな若い人たちは、ヌードカラーの口紅をつけることがありますが、CAが仕事中にそのメイクだと、顔色が悪く見えてしまいます。

そこで「プライベートならどんなメイクでもかまいませんが、どんな方にも心地よいと感じさせるメイクが大事です。元気に見せることも仕事のうちですから、明るい口紅を塗ったらどうでしょう?」と話していました。

見た目というのは、簡単に変化をつけられるもの。人に対してもですし、それは自分自身に対してもです。「今日はちょっと元気を出したい」という日には、口角を上げて、明るい口紅を塗ってみてはいかがでしょうか。

雨の降る日に明るい口元。気持ちが沈んでいても、少し上向くかもしれません。

口角を上げて歩くと、
口角を上げるにふさわしい出来事にあう。
下を向きたくなる日こそ、
明るい紅を引いて、顔を上げて。
自分を元気づけてあげましょう。

「まだ、知らないことがある」は人生の可能性

経験を重ねても、慣れることなく成長できる自分でいたい。

もしもそう願うなら「初心者になること」が近道です。

初心者という言葉は身近で、単に不慣れでおぼつかないことを指すように思えますが、「初心を忘れない人」とも言えます。

たとえば私は、書道の初心者。始めて二年たちましたが、まだビギナーです。

書道は「道」とつくだけに、精神性が高いものです。指導は厳しいながらやさしさもあり、集中して書いていると背筋がぴんと伸びるようです。

私が通っている教室は七〇代の先生を中心に師範二〇名を含めた大人五〇人、

中学生までの子どもが三〇名ほど。幅広い年齢・レベルの生徒がいます。

平仮名ひとつとっても、成り立ちから考えて書くような本格的な指導です。

「なにぬねの、の『に』の字は、『仁』という字からきているから、横に並んだ線は下のほうが長いのよ」

などと、子どもたちには説明があるそうです。

たとえ今はわからなくても、いつか思い出すように説明するのだと、先生にうかがいました。私も自分の手習いの文字について質問をしたり、自分に関係なくても、興味深い話はメモをとったりしています。

また、「月謝袋は封筒の表にお札の表が来るように入れる」という基本的なことから教えていただいています。

「月謝袋」とある封筒の表から、人物の顔があるお札の表が出てくるように入れるのはご祝儀と同じですが、逆向きだとお香典と同じになってしまいます。

今まで月謝を納めるという経験がなく、新札を用意するだけで、向きまで意識していなかった私は、自分が知らなかった新しいことを教えていただいたと、先生にお礼を申し上げました。

年を重ねると、「知りません」「わかりません」と言いにくくなります。私も、もしもこれがＣＡの業務であれば、たとえ知らなかったとしても、なかなか「知らない」とは言いづらかったかもしれません。

その点、新しく始めた書道については新人ですから、恥ずかしがらずに尋ねられます。

習いごとに限らず生活のどこかに、新しく取り組むもの、新しい環境、新しい人づきあいなど、何かしら「新人」になれる場所があると幸せです。日常に慣れすぎることなく、いつまでたっても心は老いずにいられると思うからです。

二年に一度の書道の作品展も励みになりますし、これまでおつきあいがなかったいろいろな方と出会えるのも、新鮮な経験です。

初めての作品展に出品した私の書は「平穏無事」というものでした。

平穏無事に、でも初心を忘れず、精進していきたいと思います。

世界は広く、いくら旅をしても
すべてを見つくすことはできません。
それは残念なことではなく、
「まだ見ていないところが残っている」という
うれしい可能性ではないでしょうか。

好奇心の「翼」を広げると毎日は三割増しになる

「子どもの頃からテレビで見ていた『兼高かおる　世界の旅』に憧れて、この世界に入った気がいたします」

数年前、兼高かおるさんに直接お伝えできたのは、本当にうれしいことでした。

ご搭乗いただいたのはニューヨークから日本に戻る便のファーストクラスで、兼高さんはこうお尋ねになりました。

「今日はアッツ島の上を通りますか？　通るのなら見たいと思うのですけれど」

アラスカを超えてベーリング海に出ると、点々と並んでいる島々があります。

アッツ島は、そのうちのニア諸島の一番西。日本軍がアメリカ軍と戦って玉砕した場所です。

残念ながら今日は通らないようですと申し上げると、「そうですか」とお答えになりましたが、陸地が見えなくなったのちも、ずっと雲ばかりの窓の外を眺めていらっしゃいました。飛行中、お休みになることもありませんでした。

兼高かおるさんと言えば、旅するジャーナリストの先駆けとして一五〇か国を旅した方なのに、まるで初めて飛行機に乗る子どものように目を輝かせていらしたことが印象的でした。

「旅慣れた人」という言葉がありますが、兼高さんはきっといい意味で「慣れることなく」旅を続けていらしたのでしょう。だからこそ九〇歳で亡くなるまで、好奇心のかたまりでいられたのだと思います。

兼高さんには遠く及びませんが、私もよい意味で慣れることなく、好奇心をもち続けたい。何事にもアンテナを立てて、好奇心の赴くままに行動したいと願っています。

新しいことに敏感でいたいと、日頃から人やラジオを通じて情報収集していますが、現地に行かないとわからないこともたくさんあります。

働いている間も「何でも見てみよう、経験しよう」という思いで行動してきました。ダイビングに挑戦しジンベエザメと一緒に泳いだり、「ANA連」として仲間たちと阿波踊りに参加したり。それは退職後もずっと変わらないと思います。まだ行ったことのない場所も、見たことのないものも、やったことのないこともたくさんあります。ペルーに行ってインカ帝国時代の遺跡にもふれてみたい。

そんな私の「最新のワクワク」は、インドネシアのコモドドラゴンです。

小スンダ列島に棲《す》む人間より大きなトカゲで、時速二〇キロで走るそうです。この原稿を書き上げてすぐに旅立ち、見てきましたが、まさに「生ける恐竜」。毒のあるノコギリのような歯で羊やシカを噛《か》み砕く獰猛《どうもう》さがあるものの、満腹するとひと月なにも食べないそうで、私もおなかがふくらんだドラゴンと写真を撮ることができました。

どっしりとしたオスよりスリムなメスの動きが俊敏だというのも、行かなければわからなかったこと。まさに未知との遭遇でした。

この世界に「慣れる」ときは、まだまだ訪れそうにありません。

実際に見てみなければ
わからないことは、たくさんあります。
試してみましょう。
出かけてみましょう。
ドキドキしてみましょう。

感性は老いない、経験はかさばらない

「心惹かれる場所があった時には、行ってみたほうがよい。先延ばしにしていると何かが失われる。明日になったら、一日だけ年を取る。それだけ、自分という一つの生命の鮮度が失われる。相手にすっかり慣れ親しんでしまってから改めて出会っても、恋に陥ることなどできない」

茂木健一郎さんの『熱帯の夢』（集英社）にあるこの文章を読んだとき、心打たれました。茂木さんが子どもの頃から大好きだった昆虫と熱帯雨林の自然を知ろうとコスタリカへ旅した紀行本ですが、「ああ、そのとおりだ」と、思わず深くうなずきました。

仕事柄、世界のあちこちに旅をしてきましたが、あくまでも仕事であり、純然たる旅とは違います。

休暇をとって出かけた旅も、友人との旅はダイビングなどの目的がありましたし、母を連れていくとなるとツアーやクルーズ船という高齢者にやさしい旅になります。それはそれで楽しいものの、心ひかれるままの旅とは、おもむきが異なります。

六〇歳を過ぎて勤務体制が変わり、自由な時間ができたとき、「今こそ、一人旅だ」と、私は決意しました。

仕事を始めて六年ほどたったとき、森本哲郎さんの『異郷からの手紙――私たちとは何か』（ダイヤモンド社）を読んだことが刺激となってエジプトに行ったことがあります。

まだ手元にありますが、一九七六年発行の、もうページが変色してしまった本。どんな内容だったか記憶もおぼろになっていたので改めて読んでみると、そこには古代ギリシアの歴史家ヘロドトスのこんな意味の言葉が紹介されていました。

「自分たちは見てもいないのに、もうなんでも知っているように思っている」

ヘロドトスはアテナイ、クリミア、エジプト、バビロニアなど、生涯旅をしながら探究を続け、『歴史』という本をまとめた人です。

森本さんはまた「若者は、裸の目と、真っ白なスケッチブックをたずさえて旅に出るべきだ」という趣旨のことを書いていて、若い私はその言葉に素直に従ったのでした。

六〇歳を超えた久しぶりの自由な旅では、行ったことがないところを見ようと、ベルギーを訪ねました。ドイツのフランクフルトで飛行機を乗り継いで、ブリュッセルに入りました。ふらりと気ままな旅です。

一人旅は何もかもが自由。町を歩いていてふと立ちどまったり、「あそこをもうちょっと見てみよう」と引き返したり、誰に遠慮することもない自由が心地よく思えました。

旅の楽しみは観光、アクティビティ、食などいろいろありますが、感性を刺激する旅もいいものです。

私は美術館が好きで各国で足を運んでいましたが、あるとき、「中世の絵画がよくわからない」と気がつきました。名画や、自分の好む印象画についてはある程度の知識があったのですが、キリスト教の知識がないと絵が意味するところもわからない中世の宗教画は、なんとなく敬遠していました。

四〇歳のとき、「知らないなら勉強しよう」と思い立ち、放送大学で三年ほど勉強し、絵画の見方がわかるようになると、これまでと違う目で深く絵を楽しめるようになりました。いつしかステイ先で、CA仲間にちょっとした美術館ガイドをするようになりました。

絵の構図が聖書の話を表していたり、描かれた持ち物でその人の役割がわかったり、知識が加わると一つの絵から物語が浮かび上がってきます。

ロンドンのラストフライトの際も、みんなで連れ立って、ナショナルギャラリーに足を伸ばしました。

知らないことを知ると楽しい。楽しいからもっと知りたくなる。

そのくり返しで、自分の中の知識が深まり、感性の扉が開くような気がします。

若い感性はたしかに独特ですばらしいものです。それでも好奇心がある限り、いくつになっても感性は古びないでいられるのではないでしょうか。

私は旅先であまり買い物をしませんが、そこで感じたもの、学び取ったものが、最高のお土産《みやげ》になるのではないかと思っています。

何より旅で得た経験は、モノと違ってかさばることがありません。


人生の旅も、これに似ていると思います。

経験を重ねれば重ねるほど、旅の荷物は少なめでいい。

身軽であれば好奇心の赴くまま、風に吹かれるように飛びたてます。

軽やかに、そしていつも整った自分でいれば、何に対しても慣れることなく、新鮮な明日が迎えられます。

いつ風が吹いても飛びたてるよう、
年を重ねるごとに、
軽やかな自分になりたいものです。
好奇心の翼をはばたかせ
知らない世界を見に行くのに
遅すぎることはありません。

第4章
心の翼を広げなさい

押し寄せる「新しいもの」を、ためらわずに試す

アルバムをめくってみると、入社一年目の私の制服はオレンジのジャケット。ロッキードL-1011（トライスター）導入とともに作られた伊藤達也さんデザインの「トライスター・ルック」で、下はパンタロンかスカートを選べました。

当時は外を歩くときと、お客様のお出迎えとお見送りのときは、帽子と白い手袋を着用していました。

特に大好きだったのは、次に着ていた三宅一生さんのもの。ゆったりしたオーバーブラウスにベルトがついていて、制服らしからぬ斬新さがありました。デザインばかりか機能面も優れていました。荷物を棚に上げたりすると、スカートのウエストからブラウスが出てきてしまいますが、そういう心配なく動け

るよう、「女性の働き着」という配慮がされていました。「プリーツプリーズ」を生み出した方だけあって、女性の体がどう動くかわかっていらしたのでしょう。

その後、国際線がスタートしたときは芦田淳さんのシンプルなのに華やかな制服。かっちりしたダブルジャケットで、「着ていて楽しい、きれいに見える」と、CAはみんな大好きでした。

その後も何度かモデルチェンジし、私が最後に身につけたのは、プラバル・グルンさんのグレーのジャケットの制服。ブラウスとスカーフはコーポレートカラーのブルーとピンクの二色があり、CAは好きな色を着るため、機内が華やかになります。

新路線就航、新機体導入のタイミングで、時代に合わせて制服は変わってきましたが、制服ばかりではありません。機体の性能や座席の快適さといったハード面も、四五年の間にずいぶん変わりました。

変化は他にもたくさんあります。かつては会社支給の分厚いマニュアルを三冊ぐらい持ち歩いていましたが、今はすべてタブレット端末。変更があればボタン一つで更新すればいいわけですから合理的で快適です。

私は新しいデバイスや便利な仕組みが好きで、いいものはどんどん取り入れていくタイプです。乗務前にCA全体で共有したいことなどは「マインドマップ」を使ってきました（マインドマップとは、紙の中央に主題を絵や文字で書き、そこから放射状の線とキーワードで必要なことをまとめる手法で、文章で書くよりも視覚的にとらえやすいとされています）。

要点を「見える化」して優先順位を明確にするこの手法が気に入り、私は仕事以外の場面でも、ちょっと整理しておきたいこと、たとえば自分のプロフィールも、この様式でつくってみたこともあります。

新しいものはどんどん押し寄せます。それ以前からすると隔世の感すら抱くような、便利なものもたくさんです。「私の時代には考えられなかったこと」と線引きをするのは簡単ですが、試しながら、自分をより楽しく快適にしてくれる、自分好みのものに出会うことも多々あります。

やわらかい頭で新しいものをどんどん試す人でいたいな、と私は思っています。

新しいものを、試してみる。
それが「便利、快適、楽しい」のなら、
取り入れてみる。
小さなチャレンジは
生きている限り続けられる冒険です。

本当に大切なことはマニュアルにない

どんどん新しいものに変えていく――これは自然なことです。物事は時とともに変わっていきますし、システムの変化はたいてい「進化」です。

たとえば私の退職後に導入された新しい安全ビデオは、歌舞伎バージョン。シートベルトを締めたり、緊急時に酸素マスクをつけたりする説明を、本物の歌舞伎役者の方々が演じています。

アニメと実写を取り混ぜた斬新なビデオは、大切なのになかなか見てもらえない安全ビデオに注目してもらう意図もあるのでしょう。もちろん、外国のお客様に日本の伝統文化をアピールするという狙いもあり、聞くところによるとかなりご好評をいただいているようです。

それでも中には、「変えて失敗」ということもありました。

その一例が、ビジネスクラスの食事の注文。座席前についた画面のタッチパネルでオーダーできるような仕組みを、取り入れていた時期がありました。

ところがお客様の中には、こうしたシステムが苦手な方も、そもそも画面を見ない方もいます。結局、「何か食べたいな」と思ってもやり方がわからなかったり、ようやく入力できたら品切れになっていたり……。ご迷惑をおかけしてしまい、すぐにとりやめになりました。

当時、お客様からいただいたご意見の中で、特に印象的なものがありました。

「ANAには優秀なCAがいるのに、なぜそんな機械に頼るのか」

言われてみればそのとおりで、仮に和食を注文して足りないとき、タッチパネルだったら「品切れです」の表示で終わりです。もしもCAがお受けしていたら、仮にお断りせざるをえなくても、そこから会話が生まれます。

これはトライアンドエラーの一つですが、この経験で学んだのは、システムやマニュアルに頼りきることはできないということでした。

システムは便利なものですが、ときとしてサービスのじゃまをします。

お客様にバースデーカードを贈るとして、チェックインカウンターで誕生日が近いお客様を自動登録し、機械的にお渡ししてお祝いになるでしょうか？　地上係員がパスポートを見ながら「おめでとうございます」と言葉にしたうえでお渡ししたほうが心がこもります。機械で読み取れない、会話でしか浮かび上がってこない部分は存在します。

お客様の希望は、イエスとノーの間にあることも珍しくはありません。「コーヒーはいかがですか」とお尋ねして、イエス、ノーですませたら、お茶もお水もおすすめできなくなってしまいます。「お水を」と言うお客様は体調が思わしくないのかもしれませんし、その情報を逃したら、サービスどころか安全確保にも影響が出る可能性があります。

大切なことはマニュアルには収まりきらないもの。そう思っておくことも大切で、マニュアルにないことをキャッチするには、アイコンタクトが一番です。お客様へのサービスに限らず、目を見て話すというのは基本だと思います。

長年、いろいろなお客様やＣＡに接してきた経験で、目をそらさずに話す人は、信頼できる人だと実感するようになりました。だからこそ、自分も目をそらさずに人と接する人間でありたいと心がけています。

システムや機械よりも、交わした言葉のほうがより正確です。でも、言葉がもつ情報以上に、目は多くを物語っています。

気づいたことは、そのつど形にしていく

やれと言われてやるよりも、自分で気がついたこと、自分がやろうと思ったことをやるほうが、人は意欲も湧き、いいところを活《い》かして力を発揮できます。

ＡＮＡの特徴は、若い人が早くから活躍できること、パーサー、チーフパーサーと昇格しても、ずっとプレイングマネジャーであることで、年次に関係なく自主性あふれる、若くとも優秀なＣＡたちをたくさん見てきました。

自主性とは、自分で見つけたこと、気がついたことを、行動に移して形にする力のことです。

「トレーを持って歩いてみて。くれぐれも走らずにね」

現役の頃、私は同僚たちに、こんな話をしていました。

トレーを持っていれば、お客様は「この人に頼んでいいんだな」と感じるはずですし、ゆっくりと歩けばお客様もよく見えます。

たとえば奥の座席で、飲み物を頼みそびれている方はいないでしょうか。座席にはCAを呼ぶコールボタンがありますが、遠慮がちな日本人の中には「わざわざ呼びつけるのは悪い」とためらう方もいます。

空のトレーを持って歩く――これは以前、私自身がシンガポール航空に乗っているときに学んだことでした。

趣味のダイビングのために頻繁にモルディブへ行き来していた頃、よく気がつくCAがいて、彼女はトレーを持っていました。シンガポール航空はサービスの質に定評がありますが、私は彼女の動きを「いいな」と思い取り入れたわけです。

後輩への言葉に「くれぐれも走らずにね」とつけ足したのは、やはりプライベートで利用した、ある外国エアラインでの経験に基づいています。声をかける隙すら与えず、まさに通路を疾走していくCAには仰天しました。とはいえ「ひどい」と腹を立てる必要はありません。他山の石として参考にすればいいことです。

いいことは真似をする。おかしなことは反面教師にする。このやり方は、レストランでも、ホテルでも、街で見かけた人の立ち居振る舞いでも応用がききます。後輩ＣＡたちは今も、「この人に頼んでいいんだな」というサインを出しながら、仕事をしてくれていると感じています。

たとえば日本行きの機内で、中国のお客様から「機内販売の電化製品をたくさん買いたい」とご要望をいただいたけれど、搭載していた品数が足りなかったとき、カードを渡したＣＡがいたそうです。

日本に着いたらお客様は秋葉原に行くというので、商品の写真をカードに貼りつけ、「お店の方へ。このお客様はこの商品を一〇個お求めです」とメッセージを添えたと聞いて、私はうれしくなりました。言葉ができなくても、お客様は確実に商品を手に入れられるでしょう。

また、九二歳で一人旅というお客様をお迎えしたとき、「特別なカードをお渡ししたい」と考え、特技の書道を活《い》かして筆ペンでメッセージを書いた若いＣＡもいます。若い人の、豊かで新しい発想は、やはりとてもすてきで感動しました。

自分で見つけ、それを形にしていく。本人もうれしく楽しいその小さな工夫は、広い目で見渡せば、チームや組織の力そのものだと言えそうです。

人は、やらされるよりも、
やりたい生き物です。
やりたいことは、やってみる。
小さな行動ひとつで、
大きな変化も起こせます。

二者択一ではなく、まるごと包み込んで人生を見渡す

自分の経験を活かせば、自分にしかできないことは必ず見つかります。

たとえば、出産して復帰したCAは、赤ちゃんやお子様連れのお客様により目が届くようになります。赤ちゃんを連れたお母さんがお手洗いに立つとき、「抱いていましょうか?」とお声がけするタイミングがうまくつかめたりするようです。

私も赤ちゃん連れのお客様には、「哺乳瓶を洗いましょうか」と声をかけるようにしていました。「こんなことを頼んでいいの?」とお客様がためらうようなことは、こちらから申し出るのがサービス。八〇度ぐらいのお湯ですが、一度ギャレーでしっかり洗ってから次のミルクを作るほうが衛生的で安心でしょう。

子育てに限らず、プライベートな自分の経験は随所に活きます。

高齢のお客様が失禁してしまったとき、まわりのお客様に気づかれないように上手にトイレにご案内し、後始末をして着替えもしていただいたのは、プライベートでお父様の介護の経験があるCAでした。

こう考えると、育児休暇、介護休暇を経て、サービスはますます進化するような気がしますし、人個人で見ても、さまざまな経験は、違う方面にもプラスに働くことが多いのではないでしょうか。

仲よしの同僚CAは五〇代で、ボランティアで何度も被災地に出かけています。彼女は今、会社の休職制度を利用し看護師の資格を取ろうと猛勉強中です。

長年CAをしてきた経験から、被災者のお世話や掃除、ご年配の方の話し相手など、できることはあります。しかし看護師さんであれば、体の手当ても介護もてきぱきとこなせるうえに、お手伝いできることがはるかに多くなるそうです。

「機内で具合が悪くなられたお客様がいたとき、乗り合わせていた看護師さんがきびきびと、それなのに口調はやさしく対応なさっていて感動しました。だからといって私は看護師になりたいわけではありません。CAの仕事が好きですし、無事に資格を取れて復職したら業務の役に立てたい。これからは、お手洗いが心配だったり足が不自由でいらっしゃったりして、大好きな旅行をあきらめる方が増えていくでしょう。もし機内に看護学や介護を学んだ客室乗務員がいたら、安心してご搭乗いただけます。そういった提案を会社にしていきたいと思っています」

すでに看護師の資格をもつCAはいますし、CA全員が訓練として看護の基礎は学んでいますが、彼女のようなやさしい情熱に満ちた人が看護師の資格を取れば、医療面がさらに充実していくかもしれません。そして最終的には、お客様への安心感という最高のサービスにつなげられるのではないでしょうか。

一〇代に交じって試験を受け、「つき添いの保護者と間違われたらどうしようと心配でした」と笑う彼女は、ベテランであってもういういしく輝いています。

この同僚CAはお客様を楽しませたいという思いも強い人で、ANAの提案制度で「空の上の結婚式」というアイデアを出し、実現にこぎつけたこともあります。

彼女ならきっと見事に看護師の資格を取得し、ANAのテーマである「あんしん、あったか、あかるく元気！」を体現するような存在になるでしょう。

ＣＡの仕事の枠を超えて、自分を広げていく人は他にもいます。

バンコクへのフライトが多い〝バンコク班〟の同僚は、ステイ先での空き時間を利用して、タイ古式マッサージの総本山ワット・ポーで資格を取得しました。

ＯＢには他業種で活躍している人が多くいますが、東北新幹線「グランクラス」の立ち上げから客室乗務員の指導にあたっている女性もその一人です。

プライベートと仕事。航空業界と他の業界。

そんな境界線は、じつはどこにもありません。自分の人生を犠牲にせず、好奇心と情熱の赴くままに翼を広げることで、仕事も生き方も豊かになっていきます。

「仕事か結婚か」の二択を迫られたのは、四五年も前の遠い話。

これからの私たちには、たくさんの選択肢がありますし、年齢にとらわれることもなくなっていくかもしれません。人生が一〇〇年なら五〇歳はまだ半分。六〇代の私も〝若手〟のひよっこです。

私も、好奇心の赴くまま、翼を広げていこうとワクワクしているところです。

空に境界線はありません。
線引きしてはもったいない。
まるごと抱え込むように
手を伸ばして、あれもこれもと
人生を楽しみつくしましょう。

すべては「いっとき」と考える

定年が三〇歳だった頃は、「結婚したら退職する」という制度もありましたが、今は働きながら育児をする時代。ＡＮＡグループ社員の子どものための保育所もあり、環境は整ってきています。

「大宅さん、私は実家が遠いし、出産したあと、子どもを見てくれる人がいません。仕事を続けようかどうしようか迷っています」

かなり前になりますが、後輩ＣＡから相談を受けたとき、私はこう答えました。

「子育てはいっときですよ」

ベビーシッターを頼むとなれば、それは高額でしょう。自分が働いた分のお給料をすべてつぎ込むことになり、「いったい、何のために働いているんだろう」と思うかもしれません。

それでもせいぜい十数年で、子育てはいっとき。赤ちゃんはやがて小学生、中学生になり、自立して自分の時間を過ごすようになります。

一方、自分の時間は死ぬまでずっと続きます。子育てを終えたとき、趣味を楽しんだり別の仕事をする選択もありますが、仮に再就職する場合、キャリアを中断した人が希望の仕事を見つけるのは、そう簡単なことではないようです。

それならCAの仕事をがんばって続けるというのも、よい選択になるのではないか、と私は話しました。自由な時間もあり、ある程度のお金もいただけて、海外で見聞を広められるのですから。

時がたち、退職前にそのCAと話したら、「あのときの赤ちゃんが、もう一〇歳になりました」と笑っていました。彼女には子どもが三人いて、私が相談を受けたのは末っ子の出産時。働きながら三人を育てたすごいお母さんです。

「いっとき」とは子育てに限ったことではありません。上司とうまくいかずにメンタルが弱ってしまったCAにも、私は同じ言葉を伝えました。

「絶対に辞めるなとは言いません。でも、一生、同じ上司と働くわけじゃないですよ。人事異動もあれば会社には相談窓口もある。すべては、いっときです」

「どうにもならない」と思い、自分一人で抱え込むと苦しくなりますが、すべてはいっとき。放っておいてもいつか物事は変わり、時間は流れていきます。
そう思えば、ちょっぴり気が楽になるのではないでしょうか。

つらいこともありますが、
永遠ではありません。
放っておいても、時間は流れます。
「いっとき」とつぶやけば、
前を向いて踏んばれます。

おごりが生まれた瞬間、心は老けはじめる

個性が違う、やり方が違う、役割が違う。そんな人たちが自発的に動くことで、最高のチームとなります。一人でできないことも、チームでなら可能です。

ANAという会社も、一九九九年にスターアライアンスという「チーム」に加盟したことで大きく変わりました。ネットワークが広がり、共同運航便が増え、お客様の利便性が高まりました。

また、スターアライアンスの中で起きた問題や要望は、全部共有・報告して解決するようになりました。同じアライアンスの他の航空会社について知ることで、自分たちの個性や改善点を見つけ出していくこともできます。

こうして、スターアライアンスというチームになったら、すべてはうまくいっ

た――テレビドラマではないので、そう簡単にいったわけではありません。

九〇年代初めには湾岸戦争があり、二〇〇一年九月一一日にはアメリカ同時多発テロ事件が発生。航空業界全体が大打撃を受けました。ＡＮＡも業績が低迷し、歯を食いしばっているところに、ＳＡＲＳ（重症急性呼吸器症候群）が流行しました。

会社は経営再建に向けて政府系の金融機関から融資を受け、ホテル事業を手放したり保養所を売却したりと努力をしましたが、私たち社員も業績回復まで五パーセントの給与カットやタクシーの完全送迎廃止を受け入れました（ちなみにカット分の給与は、黒字回復後に支払われています）。

私には、「一緒につくり上げてきた国際線の一員」という意識があったのかもしれません。だから「自力でがんばるＡＮＡ」を合言葉に、みんなで努力したという思いが今もあります。苦しいときを通して愛社精神も強くなりましたし、経営陣も信頼することができました。

もちろん、社員全員が不満ひとつなくがんばったと言えば嘘《うそ》になりますし、お客様も目に見えて減っていたのは事実でした。

「すべてはいっとき。悪いことばかりが続きはしない」

私はこう思い、いつもどおりをモットーに仕事をこなしていた気がします。

また、危険だと言われている時期にご利用くださるお客様はありがたいものですし、仕事でやむなく乗っていらっしゃるのかもしれません。それならせめて機内でのひとときは快適に過ごしていただきたいと願っていました。

大変であっても大丈夫――私がそう思えたのは、ANAの歴史も影響しているでしょう。そもそも私たちは、圧倒的大差をつけられた「二番目」としてスタートしているのですから、大変なのには慣れているふしがあります。
チームANAとしての努力が身を結び、二〇〇七年にエアライン・オブ・ザ・イヤーに。ようやく国際線が軌道に乗り、黒字になった二〇一〇年頃、私たちには次の目標が見えていました。「ファイブスター」です。前述したとおり、国際的な知名度を上げ、もう一段高みに登るための大きな目標でした。

ファイブスターの評価では、英国のスカイトラックス社から「〇月〇日のどの便のどのクラスに調査員が乗ります」という事前通知があります。ミシュランとは違い、覆面調査ではないようです。

ファースト、ビジネス、エコノミー、どこか一クラスでも五つ星は取れますが、調査があるクラスだけ取り繕っても嘘になってしまいます。そのため、会社全体の大きな目標に即して具体的な方策を立てたり、今の問題点や最近起こっている事象に対しての対策を考えるという取り組みをしていました。

さらに従業員が心地よく働ける環境でなければ、お客様によいサービスはできません。私もこまめに声をかけるようにしていましたが、CAが心地よく働けたのは、なんといってもチームの力、バックヤードのおかげです。

お客様にじかに接するのはCAですが、バックヤードでたくさんの人が支えてくれています。客室センターでスケジュールをつくる人、日々のフライトの人員管理をする人、飛行機の乗り継ぎや遅延の調整をする人、給料、制服、休みなど庶務的な管理をしてくれる人……。たくさんの人が助けてくれています。

かつてCAはバックヤードの人たちから「結婚すれば辞めていく高給取りのお嬢さん」と見なされていましたし、CAの側にも支えてもらっているという意識がありませんでした。それがファイブスターを目指したことで、「同じチーム」という強い一体感が生まれたのだと思います。さらに、かつて男性ばかりだったバックヤードには、女性管理職が誕生しています。

こうして二〇一三年、ANAはついに日系エアラインとして初のファイブスターを手にすることができました。社員数は一万四〇〇〇人を超え、世界でも知名度が上がり、お客様に支持していただけるようになったのです。

これから入ってくるCAは、「ANAは一番だ」という意識をもっているかもしれません。でも、仕事の本質に、星の数も順位も関係ありません。謙虚に、ていねいに、真面目にやっていかないことには、お客様は離れてしまうでしょう。

だからこそ、私が贈る言葉は、「二番目だったことを忘れない」。慣れず、おごらず、「いつもどおり」を続けていってほしいと願っています。

「自分が一番」と思った瞬間、
心が老けます。
「もっとよくなりたい」と願えば
若い心で生きられます。

ゆずるなら、押しつけず、そっと、さりげなく

「普段どおり、いつもどおりに、お客様の目を見てサービスをしよう。ギャレーは電子レンジからゴミ箱の蓋までピカピカに。おいしいお茶と、お好みの焼き加減のお肉をお出しして、今いっときをくつろいでいただこう」

そんな気持ちで臨んだラストフライト、ロンドン発羽田行きＮＨ２１２便。

「電子レンジの角が黒っぽいのは、爪楊枝でこするとうまくとれますよ」などと掃除のコツをＣＡ仲間に伝えたり、時間はあっというまに過ぎていきました。

「みなさま羽田空港に着陸致しました。ただ今の時刻は、一一月二〇日、午後三時五一分です。ベルト着用サインが消えるまで、お席にお座りのままお待ちくださ い。（中略）今日もスターアライアンスメンバーＡＮＡをご利用いただきまし

てありがとうございました。次のご搭乗をお待ちしております」

最後のアナウンスは私がしましたが、いつもと同じ内容を読み上げました。

お客様をお見送りしたあと、ギャレーがきれいに磨き上がっていることを再確認して、入り口で振り返り、一礼をして飛行機を降りました。到着した羽田は少し雲が多いものの、秋の暖かい日が差しています。

いつもどおり――そう思っていたのに、キャリーバッグを引いて出口付近に行くと、仲間たちがちらほらといます。お客様のご迷惑にならないように、そっと待っていてくれたのでしょう。その目には涙が浮かんでいるように見えます。一人のCAが静かに寄ってきて、ハワイ旅行のような美しい生花のレイをかけてくれました。

オフィスへと向かう途中も、たくさんの人。みんな同僚たちです。ああ、やはり最後だ……だんだん、胸がいっぱいになってきます。

ところが、驚きはそこからでした。

「ざっと？？？　四五年間、お疲れさまでした」

大きく書かれたオフィスのホワイトボードには、たくさんの写真とリボン飾り。

見れば、羽田発の機内での休憩中や、一日前にロンドンで撮った写真の数々が華やかに飾られていました。一緒に乗務したCAがたくさんの写真を撮ってメールで送り、羽田にいたCAがプリントアウトして、どんどん飾っていく……ANAならではの心づくしの連携プレーが行われていたのでした。

見渡せばオフィスじゅう、人、人、人！　そこには驚くほどたくさんのCAや地上スタッフが、出迎えてくれていました。

いったい、何人いたでしょう。一〇〇人ではきかない人数でした。

航空会社は業務の性質上、「全員集合」ができないものです。仕事をしていれば、世界のあちこちに散らばってしまう。念願のファイブスター獲得さえも、会社のイントラネットで知り、全員でお祝い会はできなかったという具合です。

それなのに、ラストフライトを終えた私のために、本当にたくさんの人が集まってくれていました。制服姿にまじって私服姿の人も。わざわざ休暇を取って来てくれた人や、三〇年以上前に退職した元班員の顔もありました。

仲よしの同僚CAたち。

ロンドンベースのイギリス人ＣＡ。

数はまだ少ないけれど伸びしろたっぷりの男性ＣＡ。

懐かしい顔。おなじみの顔。若々しい顔。

大好きな仲間たちの笑顔と涙混じりの顔。


「大宅さん！　これ、みんなで書いたメッセージです」

もう泣き出してしまった後輩が、目をぬぐいながら渡してくれたのは、ずっしりと分厚いアルバム。それも一冊ではありません。

聞いてみると、「みんなのメッセージカードを集めたアルバムを作ろう」という話が出たとき、最初は社員番号で区切ろうとなったそうです。

なにしろＡＮＡのＣＡは総勢八四一二名（二〇一九年六月一日現在）。私の社員番号は「〇九八二五」と四桁ですが、若いＣＡの社員番号は六万番台。一万番台のベテランが「化石」と言われているくらいです。全員にカードを配るとなるとおおごとですから、あらかじめ人数を制限をしたのでしょう。

「でも、メッセージカードを配っていなかった若いCAからも、『私も大宅さんにメッセージを書きたい』『私たちが書いちゃダメですか？』『どうしても書いてお礼が伝えたい』という問い合わせが次々とあって、私たちもびっくりしてしまいました。それでも数日のことで全員には配れなかったのですが、結局、こんなものすごい量です」

多忙な業務の合間にメッセージカードをまとめるのは、さぞ大変だったでしょう。うれしさとありがたさが、胸に迫ってきます。

ずっしりとしたアルバムは、なんと七冊もありました。めくってみれば、懐かしいこと、自分でも忘れていることが、いくつもいくつも書かれています。

「大宅さんに、『ほしいものではなく必要なものを買いなさい』と言われたことは忘れておりません」

「制服をきれいに着こなしていると言っていただいたときは、うれしかったです」

「今も私は、いつもトレーを持って歩いています」

「一緒に回った美術館で『自分を成長させる経験をしてね』と教えていただいた

こと、ずっと覚えています」

なかにはキャプテンからのメッセージもあり、「大宅シェフ、あの最高のステーキをもう食べられないのか！」とユーモアいっぱいに綴《つづ》られていました。イラスト、シール、細い文字、丸い文字、元気な文字……。心づくしのカードを眺めているうちに、私の目にも涙があふれてきました。

「退職の恒例の花束はいりません」

事前に言っていたので花は少しです。その代わりに、集まった仲間たちが両脇に並び、手と手をつないでつくってくれた花道がたちまちできあがりました。

花道をくぐりながら歩いていくときの、あの気持ちは、言葉になりません。

そこには間違いなく、私が共に働いてきた面々がいました。

いつもどおりに。

慣れることのない、一生懸命さで。

明るく、温かないつもの笑顔で。

私が卒業したそのあとも、ずっと続いていくチームがありました。
このチームをあとにしても、私も心の翼を広げ、ずっと飛び続けていくつもりです。

あとに続く人に何を残し、
何をゆずっていくのか。
経験を重ねたなら、
誰かのことをさりげなく
支えられる人でありたいものです。

おわりに

「〇九八二五」

私の社員番号には、「おおやくにこ」という私の名前が全部入っています。

偶然とはいえ、不思議な気持ちになります。

私は運命や偶然を信じるようなタイプではありません。また、「何が何でもがんばろう」と肩に力を入れることもありませんでした。

ただ、目の前のことをいつもどおりに、ていねいに続けてきた四五年の歳月。

この社員番号は、もしかしたら私をひっそりと守り、背中を押してくれた、おまじないの数字だったのかもしれません。

そういえば、あれは五〇代を迎えた頃でしょうか。ジムで体を動かしたあと、シャワーを浴び、髪を拭いていたときに、「そういえばこのタオル、ブルーだな」と気がつきました。

速乾性の素材でできたジム用のタオルは、洗い替えを含めて三枚ほど持っていましたが、買った時期もお店もばらばらなのに、どうしたことかブルー。

そう考えてみれば、服は飽きがこない黒やグレーが多いのものの、たまたま気に入って買い求めた小さなバッグも濃いブルー。

「私はブルーが好きだったんだな」と、そのとき、私は気がつきました。

ピンクでもなく、黄色でもなく、ＡＮＡのコーポレートカラーのブルー。いつしか、私はブルーが好きになっていました。

長く続ける仕事、一生を共にする家族、ずっとやっていきたい趣味。

こうしたものは、探して見つけて、気合を入れて継続するものだと思われがちです。

でも、もしかするとごく自然にさりげなく、気がつけば自分に寄り添ってくれるようなものなのかもしれない、そんな気もいたします。

この本では、私がＡＮＡで過ごした四五年と、その中で気づいたことをお伝えしました。一つでも二つでも、「気がつけば、なんとなく役に立ちそうだ」と、みなさまの心に残るものがあれば、とてもうれしく思います。

最後になりましたが、改めて、充実したＣＡ人生を送らせていただいたＡＮＡと、仲間たちに心から感謝申し上げます。

また、これまで何の心配もせず仕事を続けられたのは、丈夫な体に生んでくれた今は亡き両親、母のことを見てくれた姉夫婦、車の運転を教えてくれたり家を守ってくれた亡き弟、そして、いつでも気にかけてくれた姪《めい》や甥《おい》の家族など、多くの方の支えあってのことでした。ありがとうございました。

お読みいただきましたみなさま、最後までおつきあいいただき、ありがとうございました。
みなさまのこれからの人生の旅が快適なものになりますよう、心からお祈り申し上げます。

二〇一九年七月吉日

大宅邦子

大宅邦子（おおや・くにこ）

1953年生まれ。ANA初の「65歳定年まで飛び続けた客室乗務員」。1974年に入社後、国際線立ち上げのプロジェクトチームに参加。ANAの成長とともに、おもに国際線ファーストクラスで空の上のおもてなしを提供。滞空時間は3万時間超。ていねいに、手を抜かず、「いつでも指差し確認」の初心を忘れない姿勢で45年間のCA生活を続けた。食事や体調管理などの身の回りの整え方、「ほしいものより必要なものを買う」というものとのつきあい方、幼児から年長者まで同じように接する人とのつきあい方など、仕事を超えた清潔な生き方そのものが、ANAの伝説として知れわたり、8000人の後輩CAに慕われている。趣味は美術館めぐり、書道、スキューバダイビング、アイロンがけ。退職後には囲碁も始めた。本書が初めての著書となる。

選んだ道が
一番いい道

2019年8月20日　初版発行
2024年4月10日　第2刷発行

著　者　　大宅邦子
発行人　　黒川精一
発行所　　株式会社サンマーク出版
東京都新宿区北新宿2-21-1
電話　03-5348-7800

印刷・製本　中央精版印刷株式会社

ISBN978-4-7631-3773-9 C0095
ホームページ　https://www.sunmark.co.jp